Ricardo Pérez Rodríguez
Jöns Sánchez

Simulación de Eventos Discretos utilizando Delmia-Quest®

Ricardo Pérez Rodríguez
Jöns Sánchez

Simulación de Eventos Discretos utilizando Delmia-Quest®

Un caso aplicado

Editorial Académica Española

Imprint

Any brand names and product names mentioned in this book are subject to trademark, brand or patent protection and are trademarks or registered trademarks of their respective holders. The use of brand names, product names, common names, trade names, product descriptions etc. even without a particular marking in this work is in no way to be construed to mean that such names may be regarded as unrestricted in respect of trademark and brand protection legislation and could thus be used by anyone.

Cover image: www.ingimage.com

Publisher:
Editorial Académica Española
is a trademark of
International Book Market Service Ltd., member of OmniScriptum Publishing Group
17 Meldrum Street, Beau Bassin 71504, Mauritius

ISBN: 978-3-659-08447-8

Copyright © Ricardo Pérez Rodríguez, Jöns Sánchez
Copyright © 2013 International Book Market Service Ltd., member of OmniScriptum Publishing Group

INDICE

INDICE DE FIGURAS _____ 5

INDICE DE GRÁFICOS _____ 6

Simulación de Eventos Discretos utilizando Delmia-Quest®. Un caso aplicado. 7

Resumen _____ 7

Abstract _____ 8

Introducción _____ 8

Mecánica de Construcción _____ 11

   Paso 1. Construir partes. _____ 13
- Crear la parte "Lámina_Acero". _____ 13
- Crear la parte "Lámina_Cortada". _____ 15
- Crear la parte "Lámina_Doblada". _____ 16

   Paso 2. Construir una fuente. _____ 17
- Definir el tiempo de arribo. _____ 17
- Modificar la apariencia de la fuente. _____ 19
- Definir la parte a ser creada por la fuente. _____ 21
- Posicionar la fuente en el modelo. _____ 22

   Paso 3. Construir una máquina. _____ 23
- Establecer un nombre a la máquina. _____ 24
- Establecer un proceso a realizar. _____ 25
- Posicionar la máquina en el modelo. _____ 28

   Paso 4. Configurar la transportación de partes entre elementos del modelo. _____ 28
- Crear un almacén temporal (buffer). _____ 29
- Crear un elemento transportador (Sub-Resource). _____ 31
- Crear una parte transportadora. _____ 34

- Establecer cantidad inicial de partes transportadoras disponibles. _____ 36

Paso 5. Construir una segunda máquina. _____ 37
- Establecer un nombre a la máquina. _____ 38
- Establecer un proceso de empaque. _____ 38
- Modificar la imagen de la máquina de empaque. _____ 41
- Posicionar la máquina en el modelo. _____ 42

Paso 6. Construir una tercera máquina. _____ 42
- Establecer un nombre a la máquina. _____ 42
- Establecer un proceso de desempaque. _____ 43
- Modificar la imagen de la máquina. _____ 45
- Posicionar la máquina en el modelo. _____ 46

Paso 7. Crear Operadores. _____ 46
- Crear un Operador Controlador (Capataz). _____ 46
- Crear un Operador. _____ 47
- Configurar la transportación de partes por medio del operador. _____ 48

Paso 8. Conectar elementos. _____ 49
- Conectar la fuente a la máquina de corte. _____ 50
- Conectar la máquina de corte a la máquina de empaque. _____ 50
- Conectar la máquina de empaque a la máquina de desarme. _____ 50
- Conectar el buffer a la máquina de empaque. _____ 50
- Conectar la máquina de desarme al buffer. _____ 50

Paso 9. Visualizar las conexiones. _____ 50

Paso 10. Construir una cuarta máquina. _____ 52
- Establecer un nombre a la máquina. _____ 53
- Establecer un proceso a realizar. _____ 53
- Posicionar la máquina en el modelo. _____ 57

Paso 11. Construir una quinta máquina. _____ 57
- Establecer un nombre a la máquina. _____ 58

- Establecer un proceso de empaque. 58
- Modificar la imagen de la máquina de empaque. 61
- Posicionar la máquina en el modelo. 61

Paso 12. Crear un segundo operador. 62
- Configurar la transportación de partes por medio del operador. 63

Paso 13. Construir un sumidero. 65
- Posicionar el sumidero en el modelo. 66

Paso 14. Conectar elementos. 66
- Conectar la máquina 'Desarme' a la máquina 'Doblado'. 67
- Conectar la máquina 'Doblado' a la máquina 'Empaque2'. 67
- Conectar el 'Buffer' a la máquina 'Empaque2'. 67
- Conectar la máquina 'Empaque2' al sumidero. 68
- Visualizar las conexiones. 68

Paso 14ª. Configurar las salidas de las partes. 69

Paso 15. Guardar el modelo. 70
- Definir un nombre al archivo del modelo. 71

Paso 16. Correr la simulación. 71
- Definir un tiempo para correr el modelo. 71

Paso 17. Visualizar estadísticas. 72
- Desplegar las estadísticas de algún elemento. 72

Resultados 73

Discusión 75

Agradecimientos 76

Referencias 76

INDICE DE FIGURAS

Figura 1. Proceso de corte y doblez de lámina. _____ 12
Figura 2. Creación de la parte (lámina de acero). _____ 14
Figura 3. Modificando el color de la parte. _____ 16
Figura 4. Creación de una fuente. _____ 18
Figura 5. Modificando la apariencia de la fuente. _____ 19
Figura 6. Eligiendo la librería de imágenes. _____ 20
Figura 7. Eligiendo una imagen para la fuente. _____ 21
Figura 8. Estableciendo la parte a generar por la fuente. _____ 22
Figura 9. Creación de una máquina y proceso. _____ 25
Figura 10. Definiendo tiempo de proceso a una máquina. _____ 26
Figura 11. Estableciendo partes de entrada en una máquina. _____ 27
Figura 12. Estableciendo partes de salida en una máquina. _____ 28
Figura 13. Creación de un buffer. _____ 30
Figura 14. Modificando la apariencia del elemento transportador. _____ 32
Figura 15. Eligiendo librería de imágenes. _____ 32
Figura 16. Eligiendo una imagen para el elemento transportador. _____ 33
Figura 17. Elemento transportador posicionado sobre el buffer en el modelo. _ 34
Figura 18. Creación de parte transportadora. _____ 35
Figura 19. Asignación de partes transportadoras. _____ 37
Figura 20. Estableciendo las partes requeridas para el empaque. _____ 39
Figura 21. Definiendo un tiempo constante al proceso de empaque. _____ 40
Figura 22. Definiendo la salida de las partes. _____ 41
Figura 23. Estableciendo las partes requeridas para el desempaque. _____ 43
Figura 24. Creación de operadores. _____ 47
Figura 25. Definiendo el ruteo de un operador. _____ 49
Figura 26. Visualizando conexión entre elementos. _____ 51
Figura 27. Modelo construido. _____ 52
Figura 28. Creación de una máquina y proceso. _____ 53
Figura 29. Definiendo tiempo de proceso a una máquina. _____ 55

Figura 30. Estableciendo partes de entrada en una máquina. _____ 56
Figura 31. Estableciendo partes de salida en una máquina. _____ 57
Figura 32. Estableciendo las partes requeridas para el empaque. _____ 59
Figura 33. Definiendo un tiempo constante al proceso de empaque. _____ 60
Figura 34. Definiendo la salida de las partes. _____ 61
Figura 35. Creación de operadores. _____ 63
Figura 36. Definiendo el ruteo de un operador. _____ 64
Figura 37. Creación de un sumidero. _____ 66
Figura 38. Conexión de elementos. _____ 69
Figura 39. Definiendo el tiempo de la simulación. _____ 71
Figura 40. Corriendo la simulación. _____ 72
Figura 41. Desplegando estadísticas. _____ 73

INDICE DE GRÁFICOS

Gráfico 1. Tiempo requerido para concluir la construcción del modelo. _____ 74
Gráfico 2. Diagrama de caja para el Gráfico 1. _____ 75

Simulación de Eventos Discretos utilizando Delmia-Quest®. Un caso aplicado.

Resumen

Aquí se presentan los elementos básicos utilizados para desarrollar modelos de simulación en Delmia Quest® versión R20. El objetivo de este artículo es facilitar el aprendizaje para construir modelos de simulación sobre una integración visual 3D de procesos de manufactura y con características de manejo de materiales que la plataforma Delmia Quest® ofrece. Dicha plataforma ha sido diseñada especialmente para profesionistas que laboran en el sector industrial, donde Quest® ha podido posicionarse por su sencillez al definir el flujo de trabajo, y su rapidez en la integración de elementos a un nuevo modelo. El modelo por construir se refiere al proceso de corte y doblez de lámina de acero galvanizado característico de la industria metalmecánica nacional. Con el presente tutorial, los usuarios podrán iniciar rápidamente la construcción de sus propios modelos de simulación sin dilapidar recursos en costosos cursos de capacitación.

Finalmente, 10 estudiantes de ingeniería probaron la efectividad del documento, al menos 50% de ellos consumieron entre 88 y 100 minutos para terminar exitosamente la construcción del modelo propuesto.

Palabras clave: modelos de simulación, sistemas de manufactura, acero galvanizado.

Abstract

Here we show the basic elements used to build simulation models on Delmia Quest® versión R20. The aim of this paper is to facilitate learning to build simulation models, on a 3D environment, of manufacturing processes and material handling on Delmia Quest® software. This platform has been designed especially for professionals that are working in the industrial sector, where Quest® has been positioned by its simplicity in defining the workflow and a quick integration of new elements in a simulation model.

The model to build refers cutting and bending process on galvanized steel sheet characteristic of the national metalworking industry. A plus of this tutorial is that users can quickly start the building of their own simulation models without squandering resources on expensive training courses.

Finally, 10 engineering students tested the effectiveness of the document, at least 50% of them spent between 88 and 100 minutes to successfully complete the construction of the proposed model.

Key words: simulation models, manufacturing systems, galvanized steel.

Introducción

Uno de los inconvenientes a los que se enfrenta todo usuario de la plataforma Quest®, son los altos costos de capacitación y entrenamiento para el aprendizaje del software. Adicionalmente, la capacitación y entrenamiento en la primera etapa tiene un alcance básico y no siempre responde a las necesidades de modelado para cada problema en particular. Además, las referencias bibliográficas actuales se encuentran escritas en el idioma inglés, lo que podría dificultar la rápida difusión del uso de la plataforma en el sector industrial de la pequeña y mediana empresa en México y Latinoamérica. Por estas razones el presente documento será un catalizador para acelerar el aprendizaje de los métodos más ampliamente utilizados y probados para construir modelos de simulación en áreas tales como manufactura, logística, tráfico, entre otras. En el tutorial se describen las mejores prácticas que ayuden a desarrollar modelos de simulación más apegados a la realidad.

La simulación de eventos discretos es una herramienta probada para evaluar sistemas complejos de manufactura, tales como, producción de componentes de autopartes, ensamble de autos, fabricación de productos metalmecánicos como puertas de acero, producción de compuestos químicos, entre otros, reduciendo el riesgo de una planeación limitada y prediciendo con suficiente anticipación impactos no solo en la programación de los trabajos sino en la producción misma (Taylor y Robinson, 2006).

En México como en otros países, los procesos industriales de manufactura tienen un alto contenido de trabajo en cada producto a elaborar, por lo que dichos procesos poseen una gran cantidad de variables a considerar al modelarlos; además, se presentan sucesos o eventos inesperados, y la variabilidad e interdependencias entre subprocesos son altas. Lo anterior justifica que resultaría fructífero modelar dichos procesos usando simulación de eventos discretos (Pérez y col, 2010).

La utilización de modelos de simulación para resolver problemas y tomar decisiones ha ido en aumento. Los usuarios y quienes los construyen toman decisiones con base en los resultados que arroja el modelo según comenta Sargent (1996). Anteriormente se realizaban experimentos de prueba y error, o bien se dependía de manera significativa de la experiencia del personal involucrado en los procesos y fenómenos de estudio.

Por otro lado, en este artículo se muestra como simular procesos de eventos discretos tradicionales del mundo industrial, es decir, se ofrecen los fundamentos y las bases mínimas necesarias para trabajar con sistemas a gran escala como los procesos de manufactura complejos donde es una gran ventaja utilizar paquetes o lenguajes de simulación creados para tal efecto según Dagpunar (2007). Existen un gran número de estos disponibles en el mercado, y muchos de ellos incorporan componentes visuales interactivos como el Promodel®, Arena®, Simul8®, Quest® entre otros. Sin embargo, es importante resaltar las ventajas de utilizar Quest® con respecto a otras plataformas existentes en el mercado nacional e internacional mencionadas anteriormente. Estas son:

- Rapidez para integrar o eliminar diversos elementos y componentes en el modelo.
- Sencillez para definir el flujo de trabajo.
- Flexibilidad para modificar las dimensiones y características de los elementos o componentes en el modelo.
- Integración visual 3D capaz de importar y exportar otras entidades (lay-out) de otras fuentes o bien el modelo en si para otra aplicación.
- Flexibilidad de utilizar elementos que nos permiten realizar la transferencia y el manejo de materiales de manera práctica y realista.

- Accesible y asequible a cualquier institución educativa a través de licencias académicas que ofrece el proveedor a nivel nacional e internacional para realizar actividades de docencia e investigación. Además, los estudiantes interesados pueden acceder por medio del patrocinio de la institución educativa a la que pertenecen, obteniendo así los mismos beneficios que la institución.

El objetivo de este tutorial no es acerca de fundamentos de simulación, por ello definiciones importantes sobre modelos y diversos tipos de ellos pueden encontrarse en Bisschop (2007). Además, se recomienda leer libros clásicos sobre simulación de eventos discretos: Harrell (1997), Garcia y col (2006) y Banks y col (2001). Asimismo, existe una referencia introductoria para el software Quest® en Barnes (2001).

Mecánica de Construcción

Se inicia con la construcción de un modelo relacionado al proceso de corte y doblez de lámina de acero galvanizado característico de la industria metalmecánica nacional, haciendo uso de elementos y mecanismos propios de la plataforma Quest® (2006). Se sugiere leer primeramente todo el procedimiento de construcción para después replicar todos los pasos a seguir y así garantizar una comprensión global de lo que se pretende realizar.

El proceso de corte y doblado de lámina de acero galvanizado inicia con el transporte de 100 piezas de lámina de acero galvanizado de 3x3 metros a una máquina de corte por medio de una plataforma para traslado de material. Un operador controla el proceso de corte, realizando éste a cada lámina de manera individual, de acuerdo a las especificaciones del cliente y colocando las láminas cortadas en otra plataforma para posteriormente trasladar éstas al proceso de doblado, donde otro operador coloca cada lámina cortada sobre la máquina dobladora, y posteriormente apila las láminas dobladas en otra plataforma para ser enviado a la zona de empaque. El traslado entre estaciones se realiza por medio de los operadores con plataformas cargadas con 10 láminas a la vez. La Figura 1 ilustra el flujo de material entre estaciones. El modelo desarrollado para el proceso descrito anteriormente se muestra en la Figura 1ª.

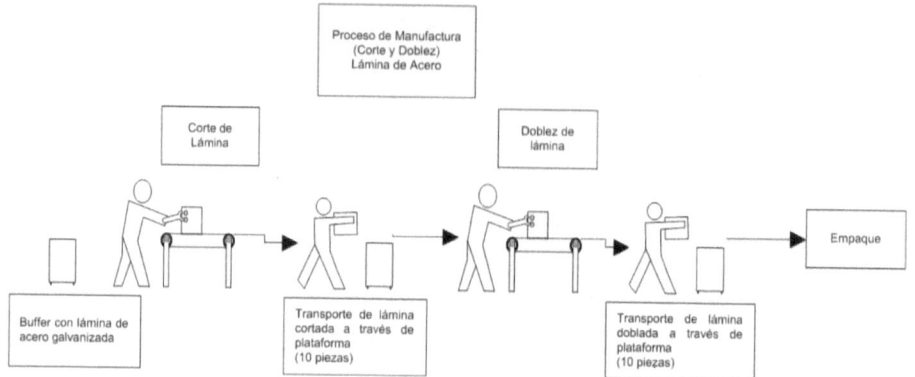

Figura 1. Proceso de corte y doblez de lámina.

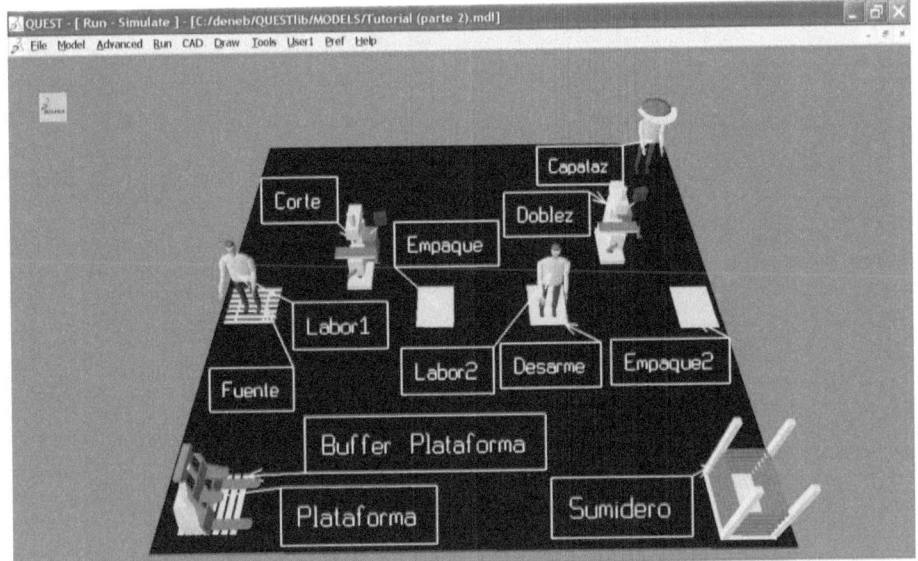

Figura 1ª. Modelo de simulación del proceso de corte y doblez de lámina.

Paso 1. Construir partes.

El primer paso es la creación de las "Part Class" (partes) en el modelo (que en otros lenguajes de simulación como Promodel® se le conocen como entidades). A través del menú:

Model | Build | Part Class se puede crear y modificar cualquier parte en el modelo. En este caso se definirá tres partes las cuales representan la lámina de acero galvanizado, la lámina cortada y la lámina con doblez respectivamente.

- **Crear la parte "Lámina_Acero".**
- Dar click en el botón 'Create/Modify' del menú descrito anteriormente.
- Establecer en el campo 'Name' del menú emergente que se despliega, un titulo para la primera parte 'Lámina_Acero' que la distinga de las demás partes, en

este caso se procede a escribir el nombre de 'Lámina_Acero'. Nótese que no está permitido espacios entre caracteres.
- Mantener los demás parámetros predeterminados sin cambio y
- Dar click sobre el botón OK se construirá la primer "Part Class", véase Figura 2.

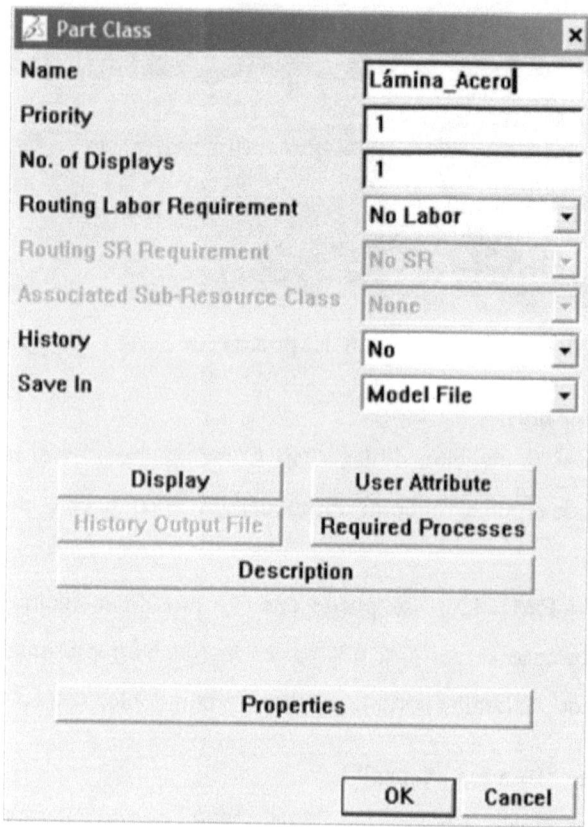

Figura 2. Creación de la parte (lámina de acero).

- **Crear la parte "Lámina_Cortada".**

Se procede a crear la segunda "Part Class", la cual tendrá como nombre 'Lámina_Cortada' de la misma forma que como se creó la primera parte, pero modificando su color para distinguirla de las demás partes en el modelo.

− Dar click en el botón 'Create/Modify' del menú Model | Build | Part Class.
− Seleccionar la opción 'NEW' dc la ventana emergente que se despliega.
− Dar click en OK.
− Establecer en el campo 'Name' del menú emergente que se despliega, un título para la segunda parte, se sugiere, 'Lámina_Cortada'.
o Modificar la apariencia (color) de la parte "Lámina_Cortada".
− Dar click al botón 'Display' véase Figura 2.
− Elegir la opción 'Attributes'.
− Identificar la opción 'Color'.
− Oprimir hacia abajo la barra de desplazamiento vertical que se encuentra del lado derecho de la opción 'Color' y
− Escoger el color gris 'Grey', véase Figura 3.
− Dar click a todos los botones OK de los menús abiertos hasta que la ventana de mensajes muestre que la parte ha sido creada.

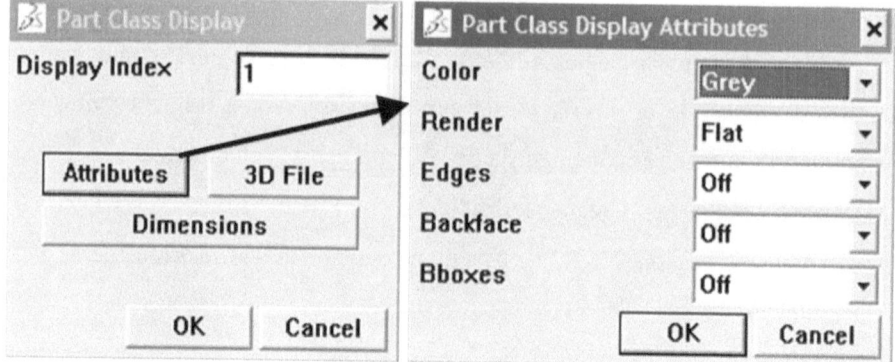

Figura 3. Modificando el color de la parte.

• **Crear la parte "Lámina_Doblada".**

Por último se crea la tercera "Part Class" para el caso de la tercera parte, con el nombre 'Lámina_Doblada' de la misma forma que como se creó la primera y segunda parte, pero modificando su color para distinguirla de las demás partes en el modelo.

- Dar click en el botón 'Create/Modify' del menú Model | Build | Part Class.
- Seleccionar la opción 'NEW' de la ventana emergente que se despliega.
- Dar click en OK.
- Establecer en el campo 'Name' del menú emergente que se despliega, un titulo para la tercera parte, se sugiere, 'Lámina_Doblada'.
o Modificar la apariencia (color) de la parte "Lámina_Doblada".
- Dar click al botón 'Display' del menú emergente para crear partes, véase Figura 2.
- Elegir la opción 'Attributes'.
- Identificar la opción 'Color'.

- Oprimir hacia abajo la barra de desplazamiento vertical que se encuentra del lado derecho de la opción 'Color' y
- Escoger el color 'Slate Grey', véase Figura 3.
- Dar click a todos los botones OK de los menús abiertos hasta que la ventana de mensajes muestre que la parte ha sido creada.

Paso 2. Construir una fuente.
El siguiente paso es construir una "Source" (fuente) que será la encargada de generar las partes previamente definidas en el modelo de simulación, es decir, la fuente sirve como mecanismo que da entrada visual a las partes en el modelo de simulación.
Del menú:
Model | Build | Element Class
- Seleccionar el botón 'Source'. Un menú emergente se activará.

• **Definir el tiempo de arribo.**
El tiempo de arribo es el tiempo de llegada (entrada) de las partes al modelo (que en otros lenguajes de simulación como Promodel® esto es conocido como 'Arrivals').
- Seleccionar del menú emergente 'Source' el botón 'IAT' por sus siglas en ingles Internal Arrive Time, y
- Escoger la opción 'Exponential' de la lista de distribuciones de probabilidad disponibles, véase Figura 4.
- Dar click en OK.

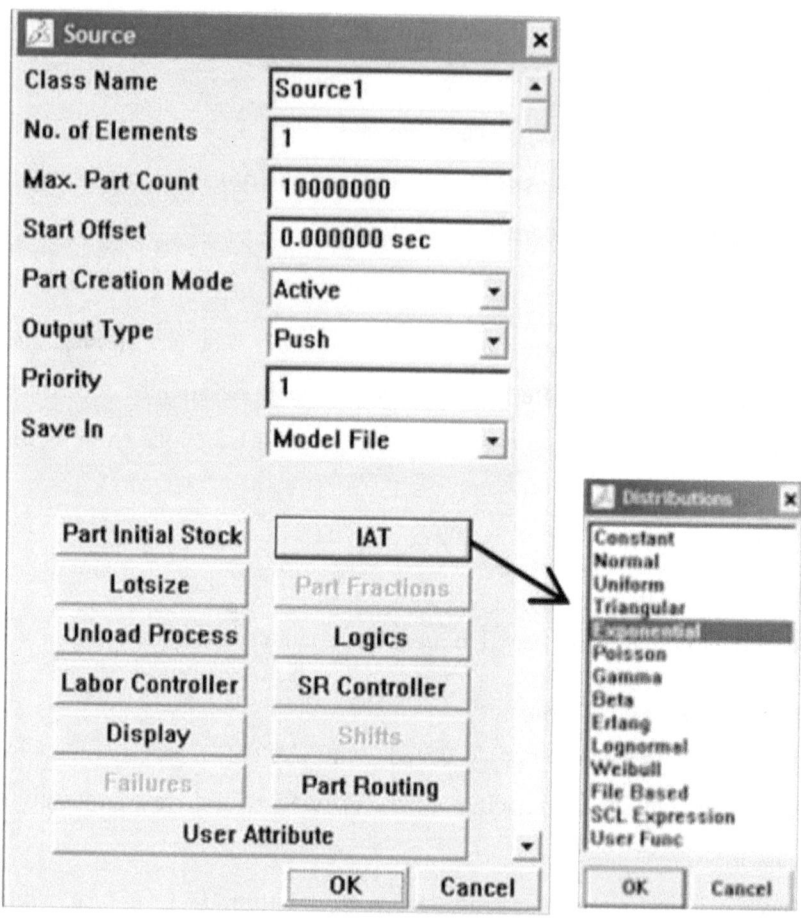

Figura 4. Creación de una fuente.

o Modificar los parámetros de la distribución.

Al seleccionar la distribución exponencial un nuevo cuadro de dialogo se habilita para modificar los parámetros de la distribución seleccionada.

– Cambiar la media a 50, en el campo 'Mean'.

– Dar click sobre el botón OK para cerrar dicho cuadro de dialogo.

• **Modificar la apariencia de la fuente.**

Ahora bien, es de interés que la fuente tenga la apariencia de una tarima donde se encuentran apiladas las láminas de acero galvanizado.

– Dar click en el botón 'Display' del mismo menú emergente para crear la fuente, véase Figura 5.

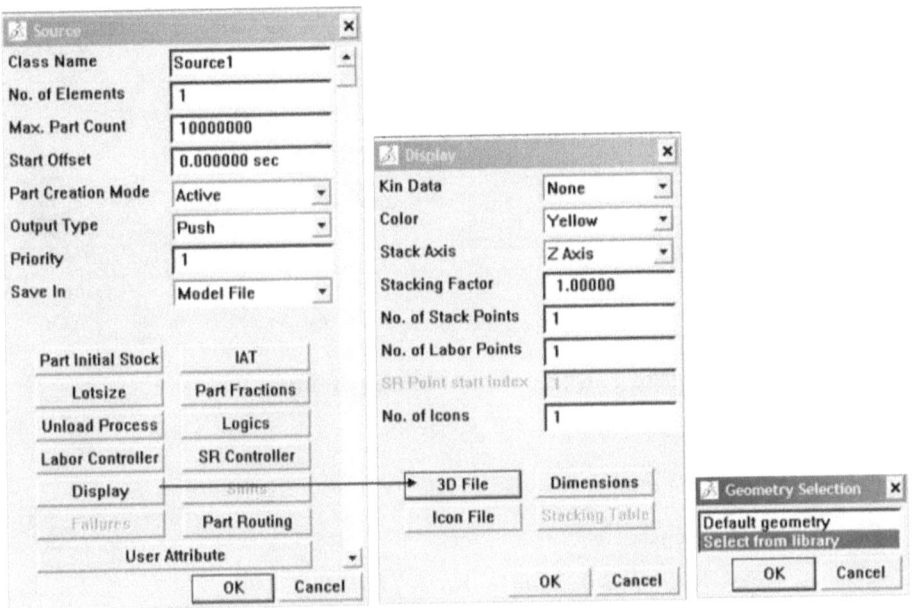

Figura 5. Modificando la apariencia de la fuente.

– Oprimir el botón '3D File'.

– Escoger la opción 'Select from library'.

– Dar click en OK para;

o Accesar a la carpeta de imágenes predeterminadas por Quest®.

– Elegir la opción de ruta 'C:/deneb/QUESTlib/PARTS' para que se muestren las imágenes predefinidas en las carpetas de Quest®, véase Figura 6.

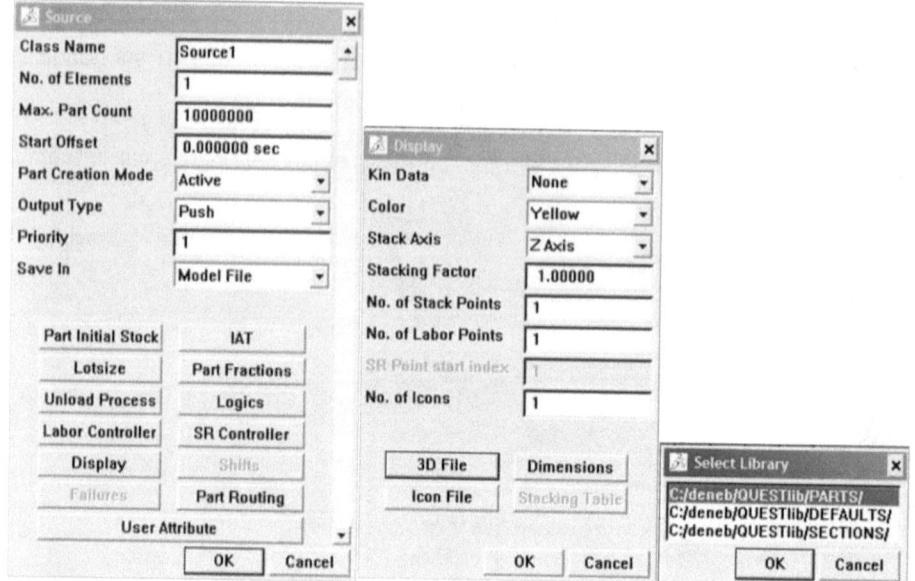

Figura 6. Eligiendo la librería de imágenes.

- Dar click en OK para;
o Elegir la imagen de interés.
- Elegir la carpeta 'Gifts'.
- Elegir la subcarpeta 'Kinparts' de la ventana emergente.
- Identificar la imagen de un Buffer (tarima), véase Figura 7.

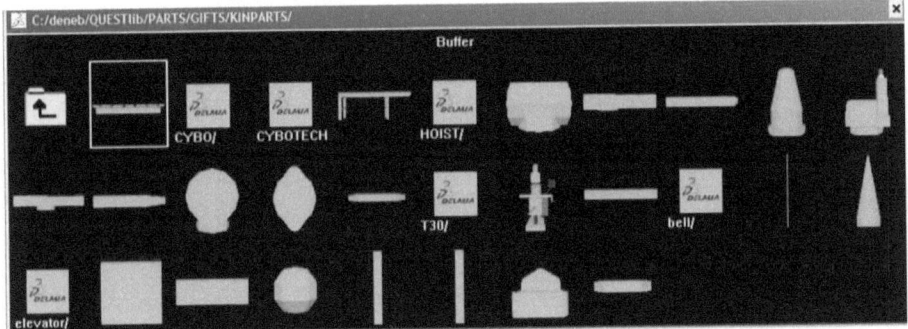

Figura 7. Eligiendo una imagen para la fuente.

- Dar click sobre la imagen de la tarima la cual representará a la fuente 'Source' en construcción.
- Dar click sobre el botón OK del menú emergente actual ('Display').

• **Definir la parte a ser creada por la fuente.**

Ahora bien, para definir la parte que deberá ser creada por la fuente, es necesario:

- Dirigirse al botón 'Part Fractions' del mismo menú emergente para crear la fuente, véase Figura 4.
- Colocar el número 1 sobre la parte a generar por la fuente, en este caso únicamente elegir la parte 'Lámina_Acero', véase Figura 8.

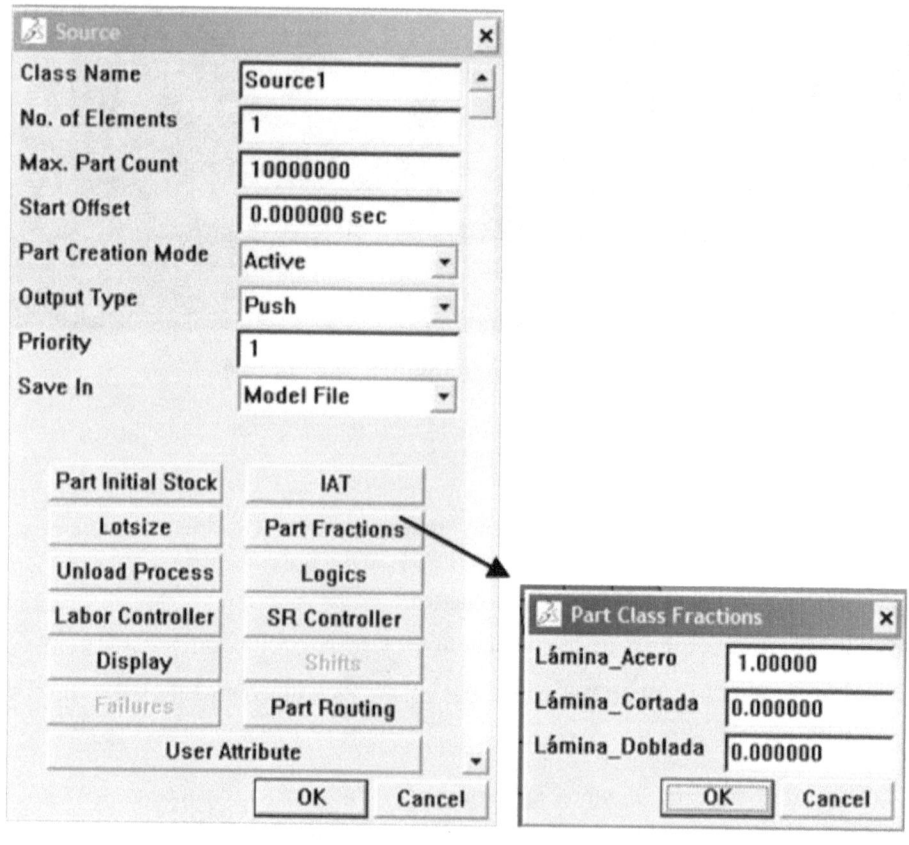

Figura 8. Estableciendo la parte a generar por la fuente.

- Dar click en el botón OK y nuevamente.
- Dar click en el botón OK del menú emergente principal de la fuente.

• **Posicionar la fuente en el modelo.**

La ventana de mensajes desplegará el mensaje de que la fuente ha sido creada y solicitará que se seleccione algún lugar sobre el piso del modelo (en forma de malla) para colocar el elemento, pero de preferencia en algún lugar muy cercano al de la Figura 1ª. Se recomienda antes de colocar el elemento navegar a través del modelo.

o Navegar a través del modelo.

Ahora, sin pérdida de continuidad, es posible que el piso del modelo se encuentre estrecho o poco visible, o bien, se desee una visión o perspectiva más amplia del piso del modelo de simulación para elegir el lugar donde colocar el elemento, si es así:

- Oprimir el botón 'Cruise' el cual se encuentra en el menú de la barra inferior de la interfaz de Quest®.
- Ahora sin dejar de oprimir el botón intermedio del mouse dirigir este hacia adelante para ampliar la visión del modelo, hasta conseguir cercanía y viceversa para alejarse, es decir, sin dejar de oprimir el botón intermedio del mouse dirigir este hacia atrás. En caso de no contar con botón intermedio del mouse, entonces el acercamiento (o alejamiento) debe hacerse al dar click al botón derecho del mouse sobre el piso del modelo.
- Puede desplazarse a través de todo el piso del modelo de forma rotativa. Esto se logra al seleccionar alguna parte del piso del modelo y sin dejar de oprimir el botón izquierdo del mouse, desplazar este de un lado a otro.
- Oprimir el botón 'ESC' del teclado para salir.
- Seleccionar un lugar en el piso para colocar el elemento.

Paso 3. Construir una máquina.

Ahora bien, la parte será creada por la fuente y esta será procesada sobre un tipo de locación definida en Quest® como "Machine" (máquina), la cual representa la máquina de corte del proceso de manufactura mencionado. Para crear máquinas en los modelos se utiliza la opción del menú:

Model | Build | Element Class

– Dar click sobre el botón 'Machine'.

• **Establecer un nombre a la máquina.**

Al crear una máquina es posible establecer un nombre a la misma, a través del campo 'Class Name' del menú emergente, por ejemplo, 'Máquina_Corte', véase Figura 9.

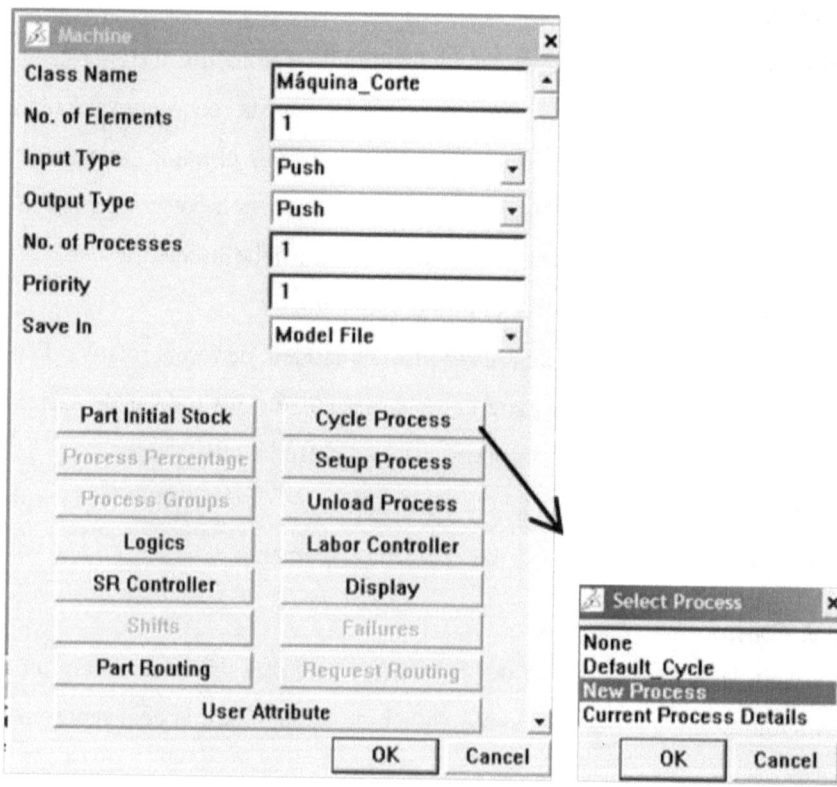

Figura 9. Creación de una máquina y proceso.

• **Establecer un proceso a realizar.**

Puede establecer el proceso que realizará la máquina de corte con las partes que estarán llegando a la misma, para ello ejecutar lo siguiente:

− Oprimir el botón 'Cycle Process'.
− Escoger la opción 'New Process' del menú emergente, véase Figura 9.
− Dar click en OK.
o Establecer un nombre al proceso.

Se activará un nuevo menú emergente llamado 'Cycle Process Definition' donde se define el proceso que llevará a cabo la máquina de corte.

− Elegir un nombre para el proceso en el campo 'Name', por ejemplo, 'Corte_Lámina', véase Figura 10.

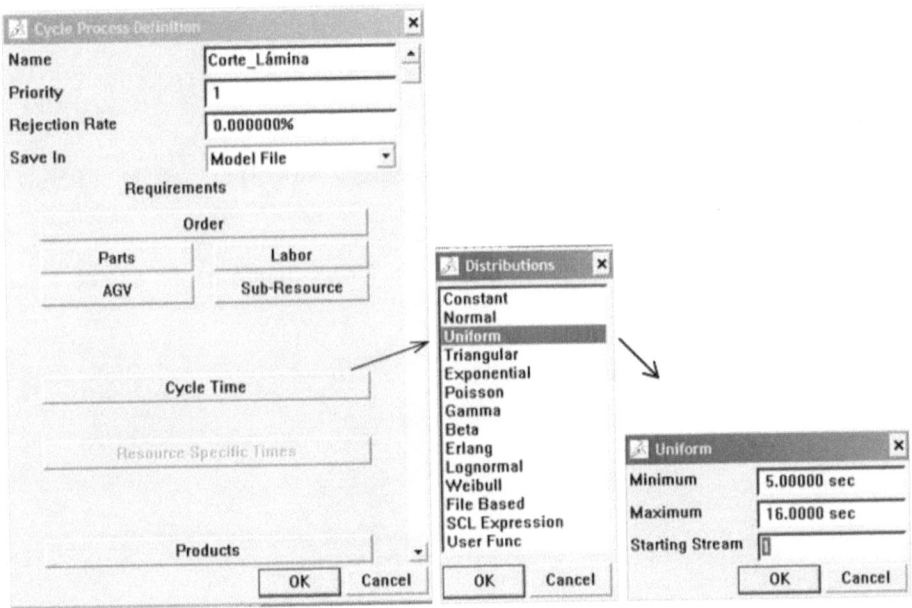

Figura 10. Definiendo tiempo de proceso a una máquina.

o Definir un tiempo de ciclo para el proceso.

Del mismo menú emergente ('Cycle Process Definition')

- Seleccionar el botón 'Cycle time'.
- Escoger la opción 'Uniform'.
- Dar click en OK.

o Modificar los parámetros de la distribución del tiempo de ciclo para el proceso.

- Establecer el mínimo en 5 y máximo en 16 en los campos de 'Minimum' y 'Maximum' respectivamente. Véase Figura 10.
- Dar click en el botón OK.

o Establecer la parte a procesar en la máquina.

Ahora se define la parte que entrará a la máquina una vez que se ha definido el tiempo de ciclo del proceso.

- Dar click en el botón 'Parts' del menú emergente donde se encuentra ('Cycle Process Definition').
- Elegir la parte a ingresar a la máquina ('Lámina_Acero') colocando el número 1 sobre el campo 'Quantity'.
- Asignar el número 0 en el campo 'Quantity' a las demás partes que no serán consideradas en el proceso.
- Dar click en OK, véase Figura 11.

	Quantity	Input	Stack Point	Dedicated Labor
Any Part	0	0	0	None
Lámina_Acero	1	0	0	None
Lámina_Cortada	0	0	0	None
Lámina_Doblada	0	0	0	None

Figura 11. Estableciendo partes de entrada en una máquina.

o Establecer la parte de salida en la máquina.

Ahora se define la parte que saldrá de la máquina.

- Dar click en el botón 'Products' del mismo menú emergente donde se encuentra ('Cycle Process Definition'). En caso de no poder ubicar el botón 'Products' oprimir hacia abajo la barra de desplazamiento vertical que se encuentra del lado derecho del menú emergente hasta encontrarlo.

- Elegir la parte a salir de la máquina de corte, en este caso es la 'Lámina_Cortada', con la opción 'Specify', sobre el campo 'Method'.

- Colocar la cantidad de partes de salida (1 en el campo 'External').

- Bloquear aquellas partes que no son emitidas por la máquina con la opción 'None', sobre el campo 'Method', véase Figura 12.

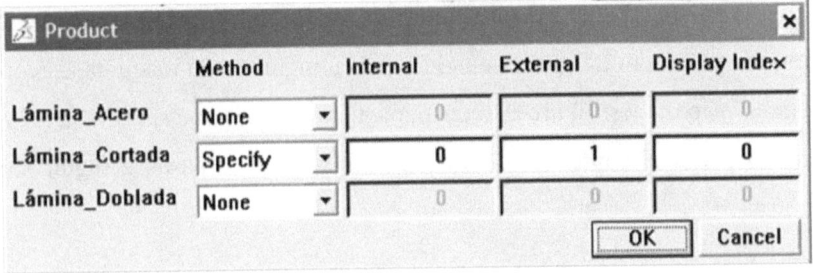

Figura 12. Estableciendo partes de salida en una máquina.

– Dar click en OK.

• **Posicionar la máquina en el modelo.**
Se procede a cerrar los menús emergentes:

– Dar click sobre los botones OK de todos los menús emergentes hasta que la ventana de mensajes muestre que el proceso y la locación (máquina) han sido creados.

Inmediatamente la ventana de mensajes solicitará que se seleccione algún lugar en el piso del modelo para colocar el elemento, pero de preferencia en algún lugar muy cercano al de la Figura 1ª. Se recomienda antes de colocar el elemento navegar a través del modelo con los pasos previos descritos en el paso 2.

Paso 4. Configurar la transportación de partes entre elementos del modelo.
La transferencia de materiales entre estaciones de trabajo o bien entre máquinas en sistemas de manufactura por medio de algún dispositivo como plataformas, carros, dollies, entre otros casos es posible en Quest®. Esto se logra por medio de un proceso de empaque temporal (que en otros lenguajes de simulación como Promodel® es conocido como instrucción 'JOIN'), que permite trasladar las partes elegidas con un elemento transportador. El proceso de empaque temporal puede ser definido para cualquier máquina, no pudiéndose utilizar otro tipo de elementos (locaciones) para ello. Las partes elegidas deben ingresar a la máquina así como el elemento transportador. El proceso de empaque temporal debe ser establecido para poder transportar el contenido como una sola parte. Los pasos a seguir son los siguientes:

- **Crear un almacén temporal (buffer).**

Primeramente se crea una locación auxiliar conocida como 'Buffer' la cual alojará el elemento transportador original.

En el menú:

Model | Build | Element Class

– Seleccionar el botón 'Buffer'.
– Mantener los parámetros predeterminados del menú emergente y
– Dar click en el botón OK, véase Figura 13.

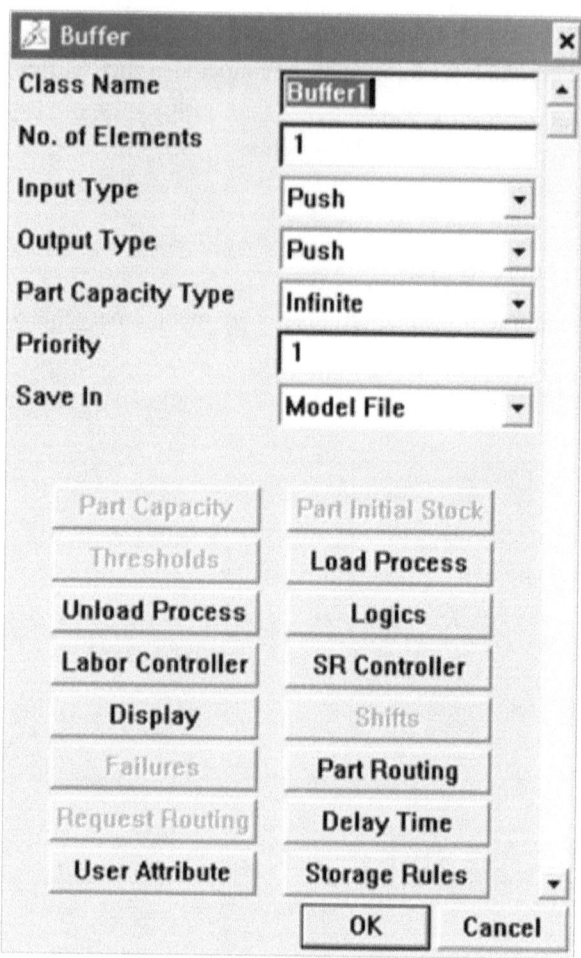

Figura 13. Creación de un buffer.

o Posicionar el buffer en el modelo.

Inmediatamente la ventana de mensajes solicitará que se seleccione algún lugar en el piso del modelo para colocar el elemento, pero de preferencia en algún lugar muy cercano al de la Figura 1ª. Se recomienda antes de colocar el elemento navegar a través del modelo con los pasos previos descritos en el paso 2.

• **Crear un elemento transportador (Sub-Resource).**

Una vez hecho esto, se crea el elemento transportador. Esto se logra en Quest® creando una clase de elemento (locación) llamada "Sub-Resource", a través del menú:

Model | Aux | Element Class

- Seleccionar el botón 'Sub-Resource'.
o Modificar la apariencia del elemento.
- Dar click en el botón 'Display'.
- Oprimir el botón '3D File'.
- Elegir la opción 'Select from library', véase Figura 14.

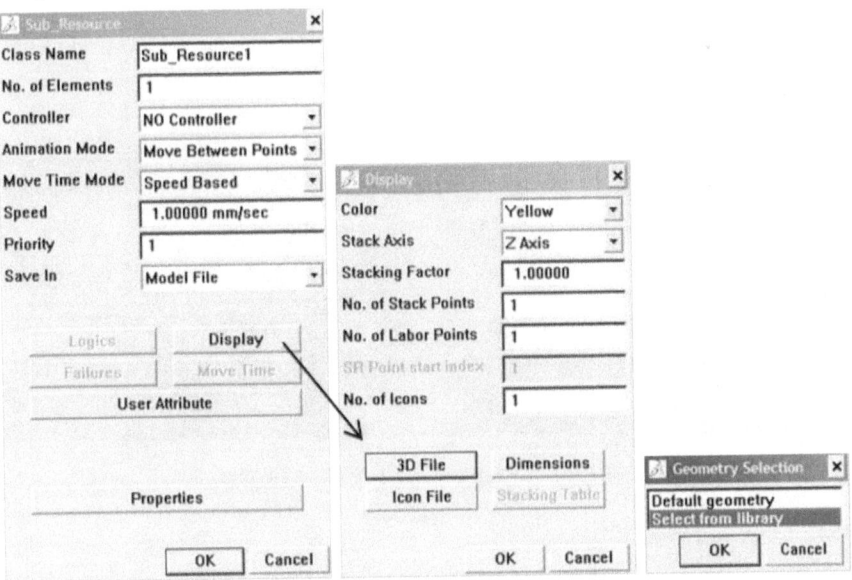

Figura 14. Modificando la apariencia del elemento transportador.

- Dar click en OK.
- o Accesar a la carpeta de imágenes predeterminadas por Quest®.

En este instante se encontrará en la última ruta previamente elegida, véase Figura 15.

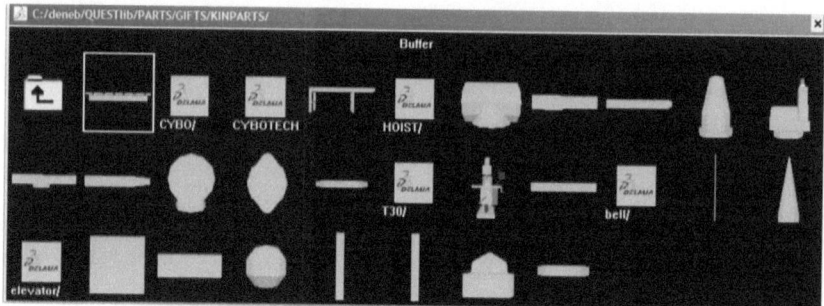

Figura 15. Eligiendo librería de imágenes.

- Regresar a la ruta 'C:/deneb/QUESTlib/PARTS' a través del icono de retorno, véase Figura 15ª.

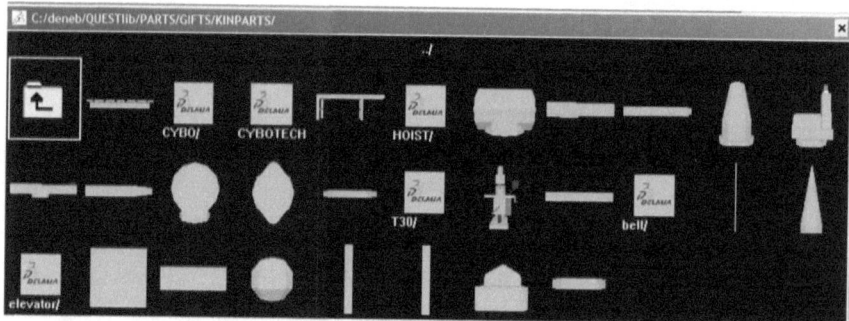

Figura 15ª. Desplazamiento entre librerías.

- o Elegir la imagen de interés.
- Elegir la carpeta 'Gifts'.

- Seleccionar la subcarpeta 'Transports' de la ventana emergente.
- Dar click donde se encuentra la imagen 'partial_flift', véase Figura 16. Se puede elegir cualquier otra imagen disponible para el elemento transportador.

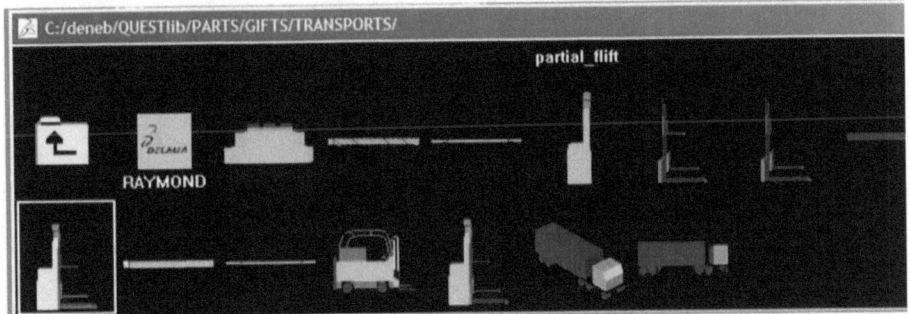

Figura 16. Eligiendo una imagen para el elemento transportador.

o Posicionar el elemento transportador (Sub-Resource) en el modelo.
- Dar click sobre el botón OK del menú emergente actual 'Display' y nuevamente
- Dar click sobre el botón OK del menú principal del elemento 'Sub-Resource'. Inmediatamente se desplegará un menú emergente solicitando la ubicación del elemento creado.
- Elegir la opción 'Floor'.
- Dar click en el botón OK y
- Dar click dos veces sobre el 'Buffer' previamente creado para que se ubique el elemento transportador sobre el 'Buffer'. El elemento transportador 'Sub-Resource' ha sido creado, véase Figura 17.

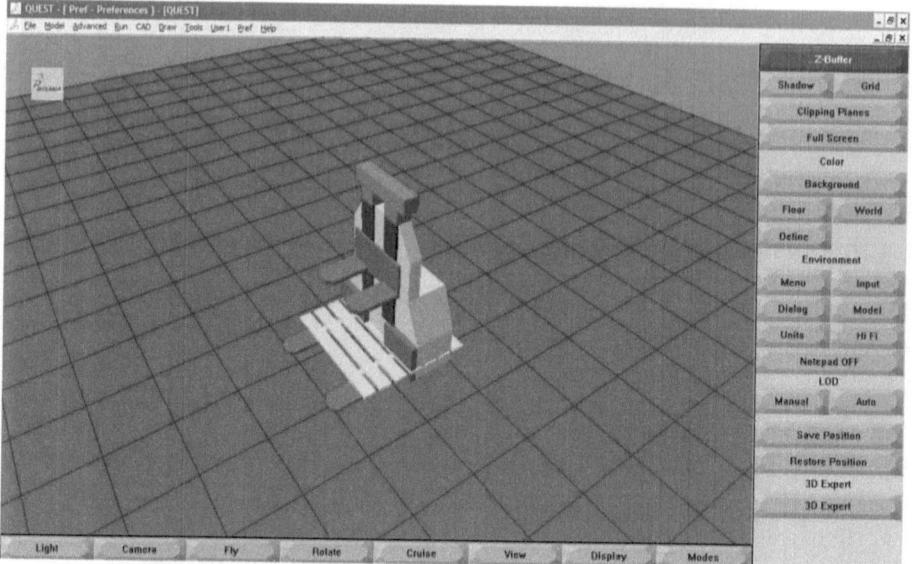

Figura 17. Elemento transportador posicionado sobre el buffer en el modelo.

• **Crear una parte transportadora.**

El elemento transportador será utilizado por ambos procesos, corte y doblado de lámina, como mecanismo de transferencia entre estaciones de trabajo, véase Figura 1. Para ello será creada una nueva parte que adoptará la imagen y forma del elemento transportador. Esto se logra por el menú:

Model | Build | Part Class

- Oprimir el botón 'Create/Modify'.
- Elegir la opción 'NEW'.
- Dar click en OK.
o Definir un nombre a la parte transportadora.
- Establecer un nombre a la parte transportadora en el campo 'Name' del menú emergente 'Part Class' con el título 'Plataforma'.

- Asociar la parte transportadora con la imagen del elemento transportador (Sub-Resource).
- Modificar el campo 'Associated Sub-Resource Class' del menú emergente 'Part Class', con la opción 'Sub-Resource1', véase Figura 18.

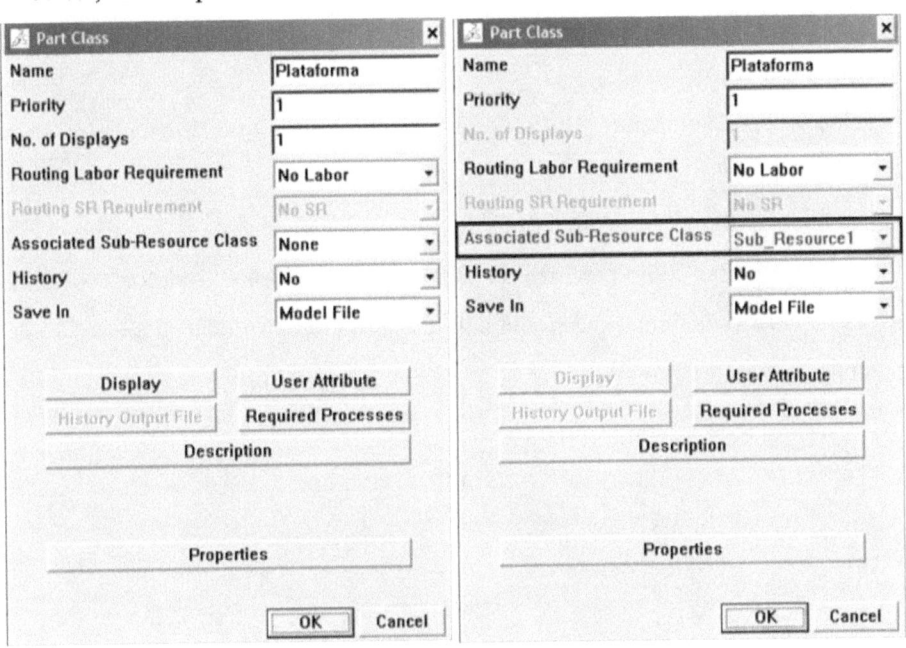

Figura 18. Creación de parte transportadora.

- Dar click sobre el botón OK.

Se ha construido la parte transportadora (que en otros lenguajes de simulación como Promodel® es conocido como entidad principal).

• **Establecer cantidad inicial de partes transportadoras disponibles.**

La Locación 'Buffer' previamente definida será la encargada de producir las partes transportadoras a imagen del elemento transportador. Esto se logra a través del menú:

Model | Build | Element Class

- Oprimir el botón 'Modify'.
- Seleccionar el elemento 'Buffer' previamente creado que se encuentra en el piso del modelo.
- Dar click al botón 'Part Initial Stock' y
- Asignar 5 partes como cantidad de partes transportadoras ('Plataformas') en la casilla correspondiente que se tendrán a disposición al iniciar la ejecución del modelo, véase Figura 19.

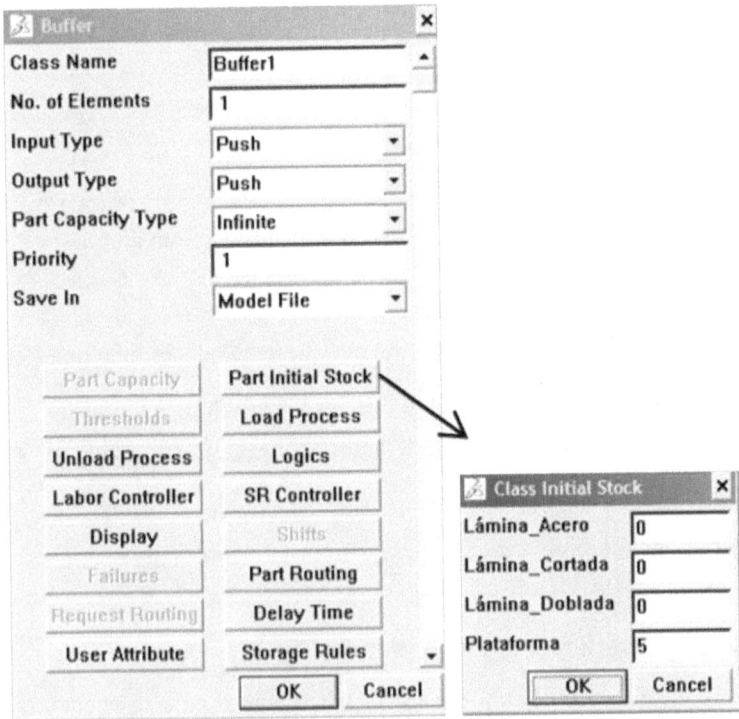

Figura 19. Asignación de partes transportadoras.

- Dar click en OK de todos los menús abiertos.

Paso 5. Construir una segunda máquina.

Para realizar el empaque que permite realizar el traslado de materiales (partes) entre elementos (locaciones) se procede a crear una nueva máquina tal como se hizo al inicio del paso 3. Para crear máquinas en los modelos es a través del menú:

Model | Build | Element Class

- Dar click sobre el botón 'Machine'.

- Dar click en la opción 'NEW'.
- Dar click en OK.

• **Establecer un nombre a la máquina.**
Al crear una máquina es posible establecer un nombre a la misma, a través del campo 'Class Name' del menú emergente, por ejemplo, 'Empaque'.

• **Establecer un proceso de empaque.**
Se puede establecer un proceso de empaque que realizará la máquina 'Empaque' con las partes que estarán llegando a la misma. Para ello,

- Oprimir el botón 'Cycle Process' del menú emergente donde se encuentra ('Machine') y
- Escoger la opción 'New Process' del menú que se despliega.
- Dar click en OK.
o Establecer la parte a procesar en la máquina.
- Dar click en el botón 'Parts' del menú emergente donde se encuentra ('Cycle Process Definition') y
- Elegir 10 partes de 'Lámina_Cortada' (obtenidas de la anterior máquina 'Máquina_Corte') y 1 parte transportadora 'Plataforma', sobre el campo 'Quantity'.
- Asignar el número 0 en el campo 'Quantity' a las demás partes que no serán consideradas en el proceso.
- Dar click en OK, véase Figura 20.

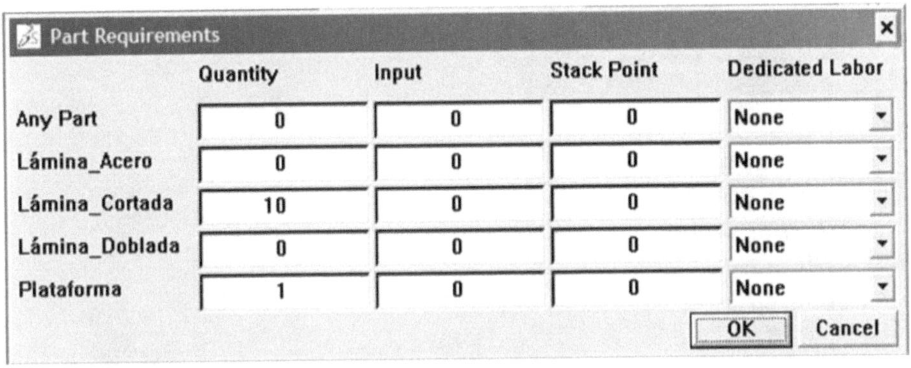

	Quantity	Input	Stack Point	Dedicated Labor
Any Part	0	0	0	None
Lámina_Acero	0	0	0	None
Lámina_Cortada	10	0	0	None
Lámina_Doblada	0	0	0	None
Plataforma	1	0	0	None

Figura 20. Estableciendo las partes requeridas para el empaque.

o Definir un tiempo de ciclo para el proceso.

Del mismo menú emergente ('Cycle Process Definition')

– Seleccionar el botón 'Cycle time' y

– Escoger la opción 'Constant' del menú 'Distributions'.

– Dar click en OK y

– Establecer un tiempo constante de 10 en el campo 'value' y nuevamente

– Dar click en OK véase Figura 21.

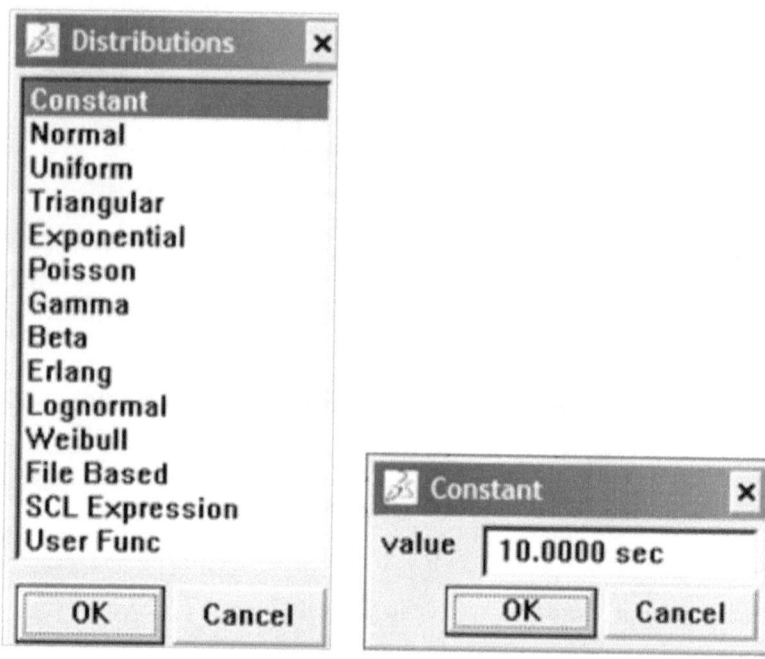

Figura 21. Definiendo un tiempo constante al proceso de empaque.

o Establecer la parte de salida en la máquina.

Ahora se define la parte que saldrá de la máquina. Para ello,

- Dar click en el botón 'Products' del menú emergente donde se encuentra ('Cycle Process Definition').

- Elegir la parte a salir ('Lámina_Cortada') con la opción 'Pack' sobre el campo 'Method' y a la parte transportadora ('Plataforma') con la opción 'Pass-Thru', sobre el mismo campo.

- Bloquear las demás partes con la opción 'None', en el campo 'Method', véase Figura 22.

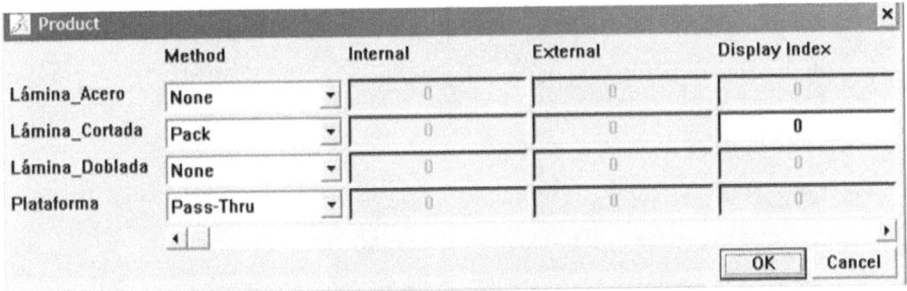

Figura 22. Definiendo la salida de las partes.

- Dar click en el botón OK, y nuevamente
- Dar click en el botón OK del menú Cycle Process Definition'.

• **Modificar la imagen de la máquina de empaque.**

La imagen predeterminada de la máquina 'Empaque' no es de interés para el empaque mismo, por lo que se puede sustituir por alguna otra imagen.

- Dar click en el botón 'Display' del menú emergente en el cual se encuentra, es decir, del menú 'Machine'.
- Oprimir el botón '3D File'.
- Escoger la opción 'Select from library'.
- Dar click en OK.
- Accesar a la carpeta de imágenes predeterminadas por Quest$^®$.

En este instante se encontrará en la última ruta previamente elegida.

- Regresar a la ruta 'C:/deneb/QUESTlib/PARTS' a través del icono de retorno, véase Figura 15ª para mayor detalle.
- Elegir la imagen de interés.
- Elegir la carpeta 'Gifts'.
- Elegir la subcarpeta 'Widgets' de la ventana emergente.

- Elegir la imagen 'plate'.
- Dar click sobre el botón OK del menú emergente actual ('Display').

• **Posicionar la máquina en el modelo.**
- Dar click sobre el botón OK del menú principal y la ventana de mensajes mostrará que el proceso y la locación (máquina) han sido creados.

Inmediatamente la ventana de mensajes solicitará que se seleccione algún lugar en el piso del modelo para colocar el elemento, pero de preferencia en algún lugar muy cercano al de la Figura 1ª. Se recomienda antes de colocar el elemento navegar a través del modelo con los pasos previos descritos en el paso 2.

Paso 6. Construir una tercera máquina.
La manera para desarmar dicho empaque de material es a través de un proceso de desempaque. Este se obtiene construyendo una tercera máquina, idéntica a la segunda máquina (de empaque), con la misma imagen de preferencia. Para crear máquinas en los modelos se utiliza el menú:

Model | Build | Element Class
- Oprimir el botón 'Machine'.
- Elegir la opción 'NEW'.
- Dar click en OK.

• **Establecer un nombre a la máquina.**
Al crear una máquina es posible establecer un nombre a la misma, a través del campo 'Class Name' del menú emergente, por ejemplo, 'Desarme'.

• **Establecer un proceso de desempaque.**

Se puede establecer un proceso de desempaque que realizará la tercera máquina ('Desarme') con las partes que estarán llegando a la misma.

- Oprimir el botón 'Cycle Process' del menú emergente donde se encuentra ('Machine') y
- Escoger la opción 'New Process' del menú que se despliega.
- Dar click en OK.
o Establecer la parte a procesar en la máquina.
- Dar click en el botón 'Parts' del menú emergente donde se encuentra ('Cycle Process Definition').
- Declarar en el campo 'Quantity' la cantidad de 1 en la parte 'Plataforma' como parte de entrada únicamente. Esto significa que por cada 'Plataforma' que arribe se realizará el desarme del empaque.
- Asignar el número 0 en el campo 'Quantity' a las demás partes que no serán consideradas en el proceso.
- Dar click en OK, véase Figura 23.

Part Requirements	Quantity	Input	Stack Point	Dedicated Labor
Any Part	0	0	0	None
Lámina_Acero	0	0	0	None
Lámina_Cortada	0	0	0	None
Lámina_Doblada	0	0	0	None
Plataforma	1	0	0	None

Figura 23. Estableciendo las partes requeridas para el desempaque.

o Definir un tiempo de ciclo para el proceso.

Del mismo menú emergente ('Cycle Process Definition')

- Seleccionar el botón 'Cycle time' y
- Escoger la opción 'Constant' del menú 'Distributions'.
- Dar click en OK.
- Establecer un tiempo constante de 10 en el campo 'value'.
- Dar click en OK, véase Figura 23[b].

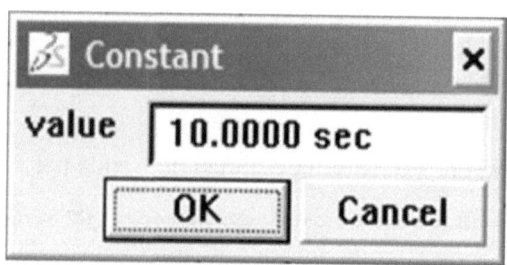

Figura 23[b]. Definiendo un tiempo constante al proceso de desempaque.

o Establecer la parte de salida en la máquina.

Ahora se define la parte que saldrá de la máquina.

- Dar click en el botón 'Products' del menú emergente donde se encuentra ('Cycle Process Definition').
- Elegir la parte a salir ('Plataforma') con la opción 'Unpack' sobre el campo 'Method'.
- Bloquear las demás partes con la opción 'None', sobre el mismo campo, véase Figura 23[c].

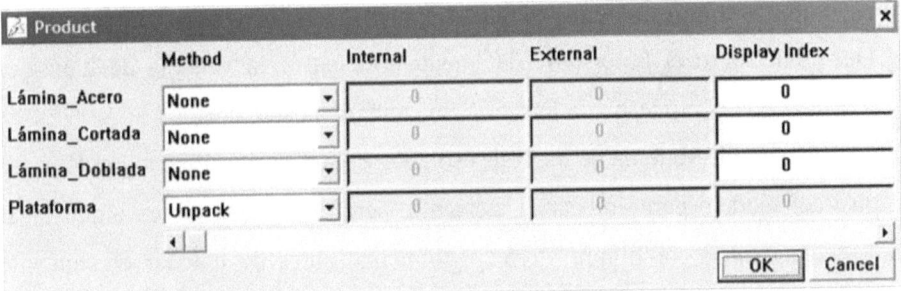

Figura 23ᶜ. Definiendo la salida de las partes.

- Dar click en OK.
- Dar click en el botón OK del menú Cycle Process Definition'.

• **Modificar la imagen de la máquina.**

La imagen predeterminada de la tercera máquina ('Desarme') no es de interés para el desarme mismo, por lo que se puede sustituir por alguna otra imagen.

- Dar click en el botón 'Display' del menú emergente en el cual se encuentra, es decir, del menú 'Machine'.
- Oprimir el botón '3D File'.
- Escoger la opción 'Select from library'.
- Dar click en OK.

En este instante se encontrará en la última ruta previamente elegida.

o Elegir la imagen de interés.
- Elegir la imagen 'plate'.
- Dar click sobre el botón OK del menú emergente actual ('Display').

- **Posicionar la máquina en el modelo.**
- Dar click sobre el botón OK del menú principal y la ventana de mensajes mostrará que el proceso y la locación (máquina) han sido creados.

Inmediatamente la ventana de mensajes solicitará que se seleccione algún lugar en el piso del modelo para colocar el elemento, pero de preferencia en algún lugar muy cercano al de la Figura 1ª. Se recomienda antes de colocar el elemento navegar a través del modelo con los pasos previos descritos en el paso 2.

Paso 7. Crear Operadores.

Para realizar la transportación y movimiento de las partes entre los elementos definidos en el modelo, es necesario crear operadores encargados de esta tarea. Para ello es indispensable realizar los siguientes comandos:

- **Crear un Operador Controlador (Capataz).**

Sin este elemento, no es posible tener un adecuado control de los operadores en el modelo.

En el menú:

Model | MHS | Controller se define el operador controlador de los operarios en el modelo, conocido como capataz.

- Dar click sobre el botón 'Labor' del menú anteriormente descrito.
- Dar click sobre el botón OK.

Inmediatamente la ventana de mensajes solicitará que se seleccione algún lugar en el piso del modelo para colocar el elemento, pero de preferencia en algún lugar similar o cercano al de la Figura 1ª. Se recomienda antes de colocar el elemento navegar a través del modelo con los pasos previos descritos en el paso 3, sino, seleccionar un lugar en el piso para colocar el objeto.

• **Crear un Operador.**

Ahora se procede a crear un operador el cual realizará los traslados de material entre la fuente y la máquina de corte, del buffer a la máquina de empaque y de la máquina de corte a la máquina de empaque. Esto se logra a través del menú:

Model | MHS | MHS Element

- Oprimir el botón 'Labor'.
- Dar click sobre el botón OK.
- Ubicar la fuente ('Source') en el modelo.
- Dar click sobre la fuente ('Source') como destino para colocar el operador.

El capataz y los operadores son locaciones especiales en los modelos, véase Figura 24.

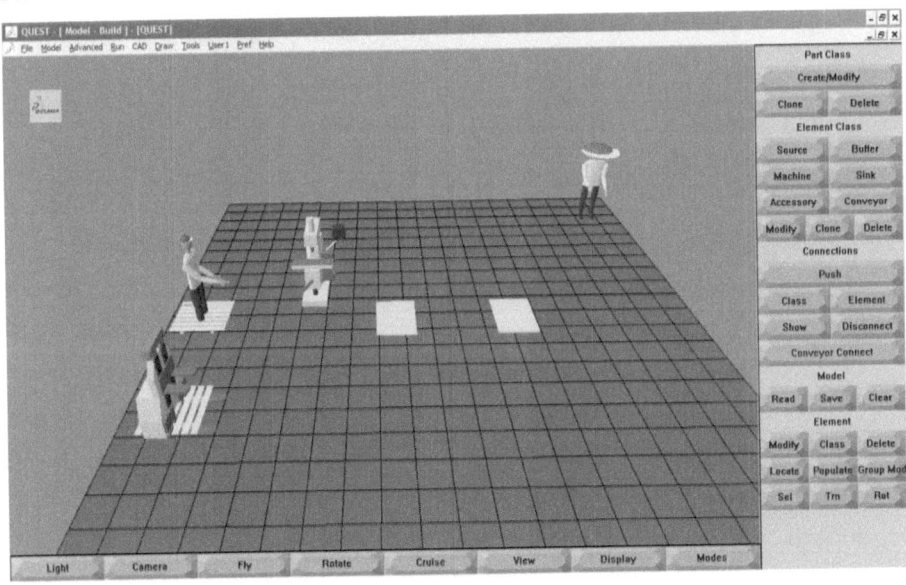

Figura 24. Creación de operadores.

• **Configurar la transportación de partes por medio del operador.**

Para establecer que el operador recién creado realizará los traslados de materiales (partes) entre los diversos elementos del modelo, se requiere ingresar a cada elemento en particular y definir la transportación con el operador.

Como ejemplo se realiza la configuración de la transportación de las partes por medio del operador ('Labor1') en la fuente ('Source').

o Definir el ruteo a realizar por el operador.

- Dirigirse al menú:

Model | Build | Element Class

- Dar click al botón 'Modify'.
- Seleccionar la fuente ('Source').
- Dar click sobre el botón 'Part Routing' (ruteo de la parte) que se muestra en el menú emergente al seleccionar la fuente y enseguida
- Dar click sobre el botón 'Labor requirement' (requerimiento de operador).
- Ubicar la parte 'Lámina_Acero' que es producida por la fuente ('Source') en el menú emergente actual.
- Elegir sobre el campo 'Labor' al operador recién creado, es decir, 'Labor1', véase Figura 25.

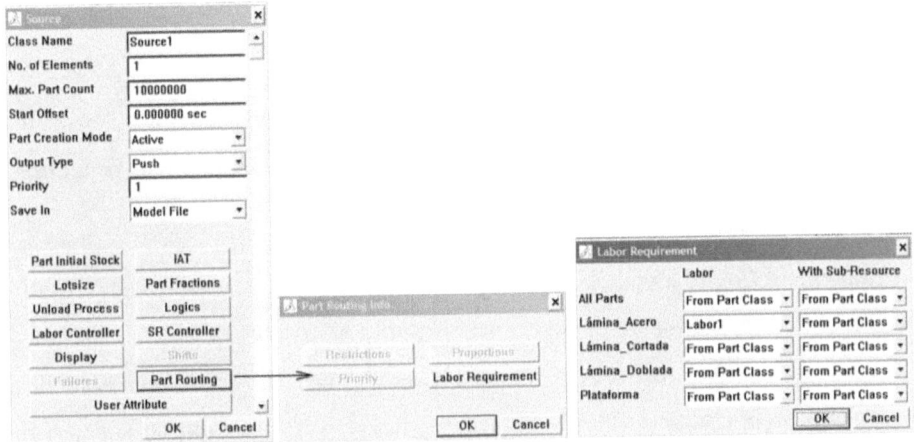

Figura 25. Definiendo el ruteo de un operador.

- De esta forma se establece que parte trasladará el operador de un lugar a otro.
- Cerrar todos los menús activos al oprimir el botón OK en cada uno de ellos.
o Definir el ruteo a realizar por el operador en cada elemento.
- Repetir los pasos el ejemplo inmediato anterior donde el operador realizará la transportación de las partes, es decir, en la máquina de corte, buffer, y la máquina de empaque. Considere que para cada elemento la parte a transportar es distinta. En el caso de la máquina de corte se traslada la parte 'Lámina_Cortada', en el buffer se traslada la parte 'Plataforma' al igual que en la máquina de empaque.

Paso 8. Conectar elementos.

La conexión de los elementos es vital para poder ejecutar corridas de simulación, es aquí donde se define la ruta que tomarán las partes y la secuencia de los procesos para asegurar el flujo correcto durante las simulaciones.

Para realizar las conexiones entre elementos se utiliza el menú:

Model | Build | Connections

- Oprimir el botón 'Element'.

Aparecerá un mensaje indicando el elemento a conectar. Proceder a conectar los elementos propios del modelo. Cabe destacar que las conexiones solo se realizan entre pares de elementos.

• **Conectar la fuente a la máquina de corte.**
- Dar click sobre la fuente como primer elemento a conectar.
- Dar click sobre la máquina ('Máquina_Corte'), la cual será el elemento final de la conexión. Se omite la figura por sencillez. Una flecha indicará la conexión como exitosa.

• **Conectar la máquina de corte a la máquina de empaque.**

• **Conectar la máquina de empaque a la máquina de desarme.**

• **Conectar el buffer a la máquina de empaque.**

Cuando un elemento en particular recibe más de una conexión, como es el caso de la máquina de empaque, realizar los siguientes comandos.

- Dar click sobre el buffer como primer elemento a conectar.
- Dar click sobre la máquina ('Empaque').
- Seleccionar la opción 'New' del menú emergente que se despliega.
- Dar click en OK.

• **Conectar la máquina de desarme al buffer.**

Paso 9. Visualizar las conexiones.

Para visualizar las conexiones se puede utilizar el menú:

Model | Build | Connections

- Seleccionar el botón 'Show'.
- Seleccionar la opción 'All connections'.
- Dar click sobre el botón OK, se logra esta visualización, véase Figura 26.

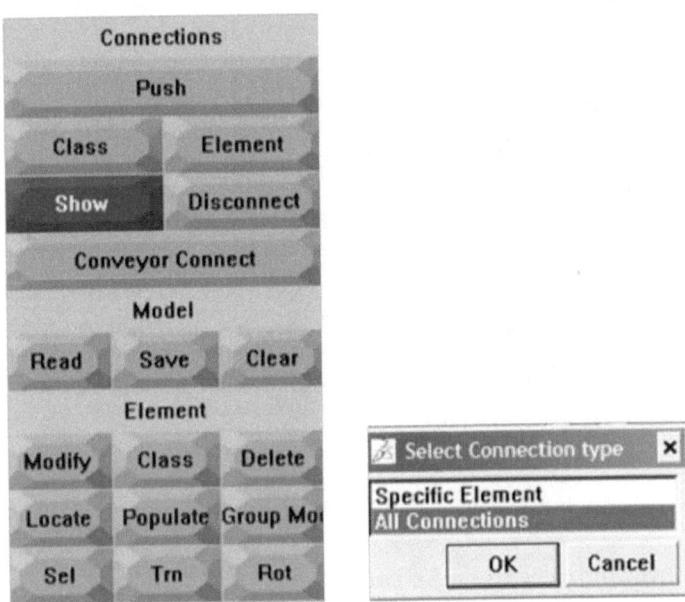

Figura 26. Visualizando conexión entre elementos.

Las conexiones del modelo hasta esta instancia se despliega en pantalla, véase Figura 27.

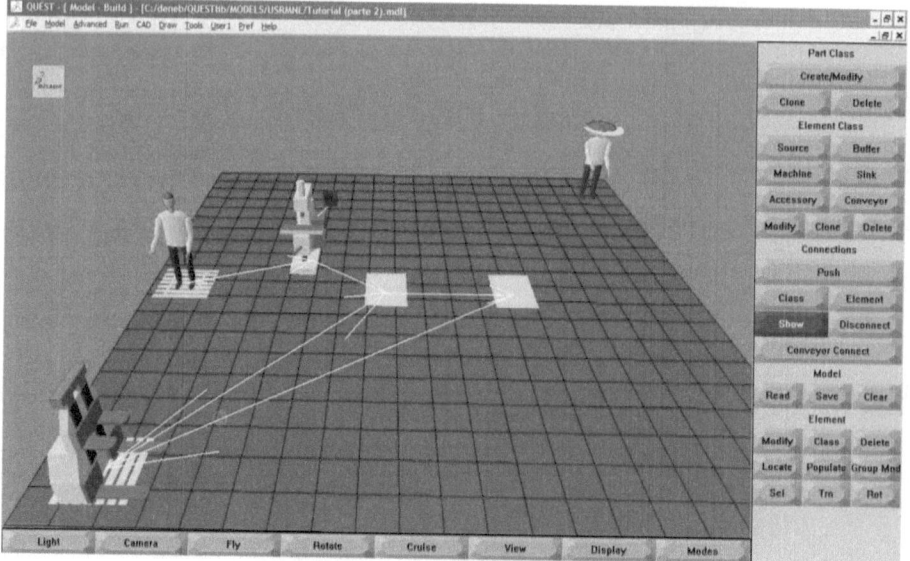

Figura 27. Modelo construido.

- Dar click sobre el botón ESC para salir de la visualización.

Paso 10. Construir una cuarta máquina.

Una vez que las partes han sido transportadas y ya habiéndose realizado en proceso de desarme, el proceso de doblado sobre la lámina cortada debe ser realizado, véase Figura 1. Esto se logra con la creación de una cuarta máquina que realizará la operación de doblado.

Para crear máquinas en los modelos se utiliza la opción del menú:

Model | Build | Element Class

- Oprimir el botón 'Machine'.
- Elegir la opción 'NEW'.
- Dar click en OK.

• **Establecer un nombre a la máquina.**

Al crear una máquina es posible establecer un nombre a la misma, a través del campo 'Class Name' del menú emergente, por ejemplo, 'Máquina_Doblado', véase Figura 28.

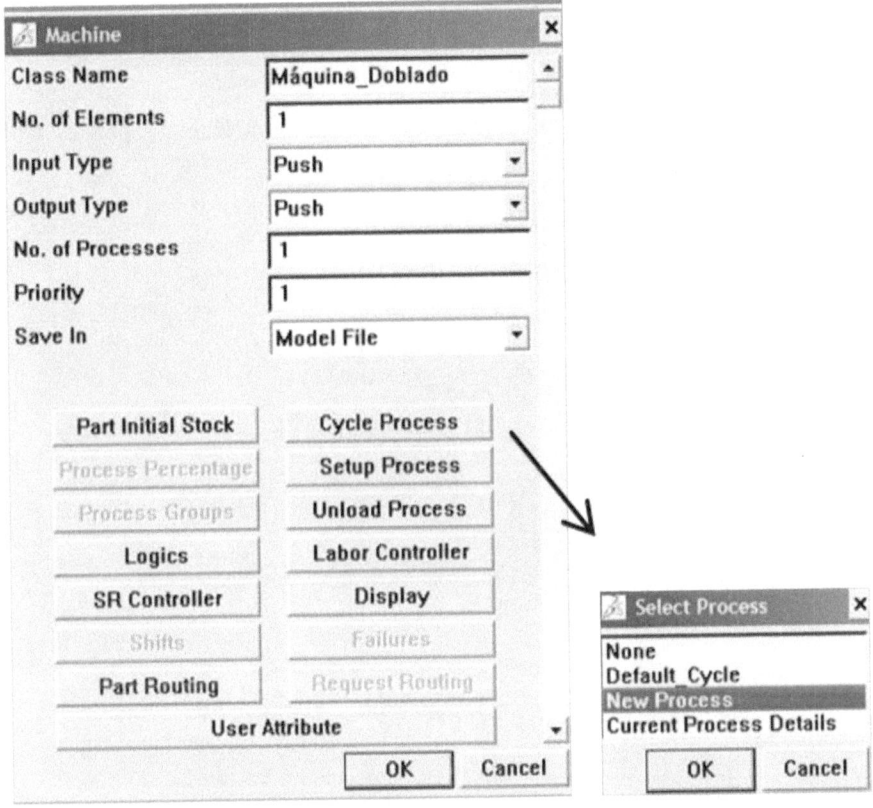

Figura 28. Creación de una máquina y proceso.

• **Establecer un proceso a realizar.**

Se puede establecer el proceso que realizará la máquina de doblado con las partes que estarán llegando a la misma.

- Oprimir el botón 'Cycle Process'.
- Escoger la opción 'New Process' del menú emergente, véase Figura 28.
- Dar click en OK.
o Establecer un nombre al proceso.

Se activará un nuevo menú emergente llamado 'Cycle Process Definition' donde se define el proceso que llevará a cabo la máquina de doblado.

- Elegir un nombre para el proceso en el campo 'Name', por ejemplo, 'Doblado_Lámina', véase Figura 29.
o Definir un tiempo de ciclo para el proceso.

Del mismo menú emergente ('Cycle Process Definition')

- Seleccionar el botón 'Cycle time'.
- Escoger la opción 'Uniform'.
- Dar click sobre el botón OK, véase Figura 29.

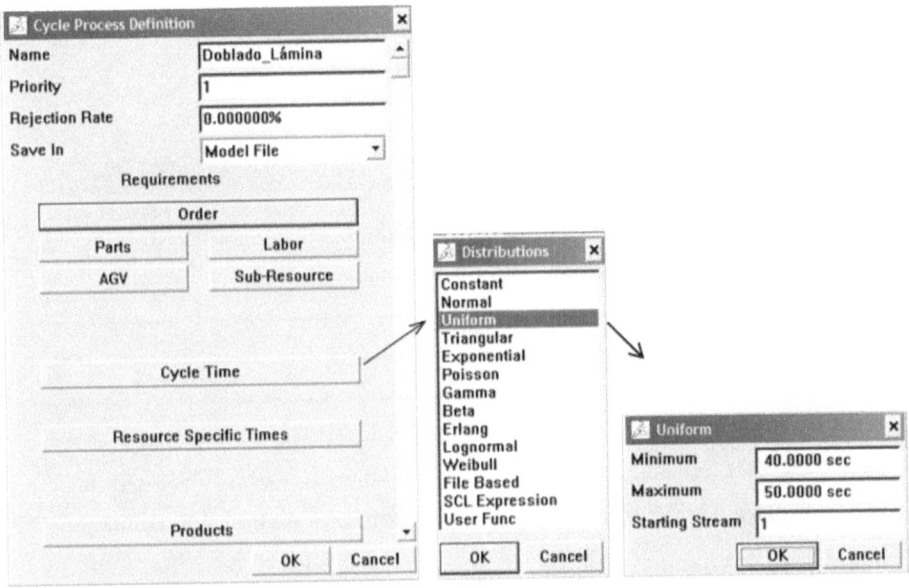

Figura 29. Definiendo tiempo de proceso a una máquina.

o Modificar los parámetros de la distribución del tiempo de ciclo para el proceso.

- Establecer el mínimo de 40 y un máximo de 50 en los campos de 'Minimum' y 'Maximum' respectivamente, véase Figura 29.
- Dar click en el botón OK.

o Establecer la parte a procesar en la máquina.

Ahora se define la parte que entrará a la máquina una vez que se ha definido el tiempo de ciclo del proceso.

- Dar click en el botón 'Parts' del menú emergente donde se encuentra ('Cycle Process Definition').
- Elegir la parte a ingresar a la máquina ('Lámina_Cortada') colocando el número 1 sobre el campo 'Quantity'.

- Asignar el número 0 en el campo 'Quantity' a las demás partes que no serán consideradas en el proceso.
- Dar click en OK, véase Figura 30.

Part Requirements	Quantity	Input	Stack Point	Dedicated Labor
Any Part	0	0	0	None
Lámina_Acero	0	0	0	None
Lámina_Cortada	1	0	0	None
Lámina_Doblada	0	0	0	None
Plataforma	0	0	0	None

Figura 30. Estableciendo partes de entrada en una máquina.

o Establecer la parte de salida en la máquina.

Ahora se define la parte que saldrá de la máquina.

- Dar click en el botón 'Products' del menú emergente donde se encuentra ('Cycle Process Definition').
- Elegir la parte a salir con la opción 'Specify', sobre el campo 'Method', en este caso, la parte a salir es 'Lámina_Doblada', colocando la cantidad de partes de salida (1 en el campo 'External').
- Bloquear aquellas partes que no son emitidas por la máquina con la opción 'None', en el campo 'Method', véase Figura 31.

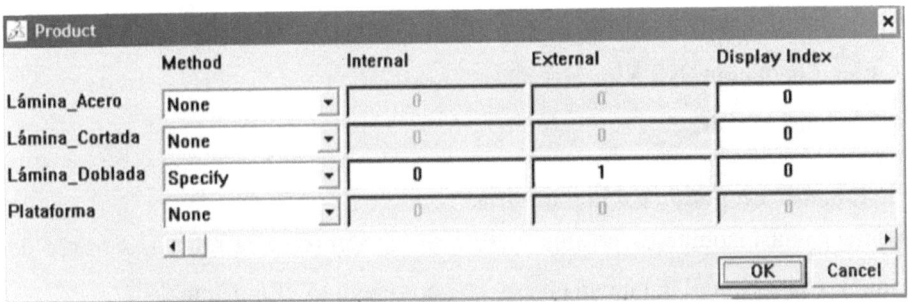

Figura 31. Estableciendo partes de salida en una máquina.

- Dar click en OK, y nuevamente
- Dar click en el botón OK del menú Cycle Process Definition'.

• **Posicionar la máquina en el modelo.**

Se procede a cerrar los menús emergentes:

- Dar click sobre el botón OK del menú principal y la ventana de mensajes mostrará que el proceso y la locación (máquina) han sido creados.

Inmediatamente la ventana de mensajes solicitará que se seleccione algún lugar en el piso del modelo para colocar el elemento, pero de preferencia en algún lugar muy cercano al de la Figura 1ª. Se recomienda antes de colocar el elemento navegar a través del modelo con los pasos previos descritos en el paso 2.

Paso 11. Construir una quinta máquina.

Para realizar el empaque que permite realizar el traslado de materiales (partes) entre elementos (locaciones) se procede a crear una nueva máquina tal como se hizo al inicio del paso 3. Esto con el fin de trasladar las partes 'Lámina_Doblada' por medio de una parte transportadora 'Plataforma' al final del modelo, véase Figura 1. Para crear máquinas en los modelos se utiliza el menú:

Model | Build | Element Class

- Oprimir el botón 'Machine'.
- Elegir la opción 'NEW'.
- Dar click en OK.

• **Establecer un nombre a la máquina.**
Al crear una máquina es posible establecer un nombre a la misma, a través del campo 'Class Name' del menú emergente, por ejemplo, 'Empaque2'.

• **Establecer un proceso de empaque.**
Se puede establecer un proceso de empaque que realizará la máquina 'Empaque2' con las partes que estarán llegando a la misma.

- Oprimir el botón 'Cycle Process' del menú emergente 'Machine' y
- Escoger la opción 'New Process' del menú que se despliega.
- Dar click en OK.
o Establecer la parte a procesar en la máquina.
- Dar click en el botón 'Parts' del menú emergente 'Cycle Process Definition'.
- Elegir 10 partes de 'Lámina_Doblada' (obtenidas de la máquina 'Máquina_Doblado') y 1 parte transportadora 'Plataforma' sobre el campo 'Quantity'.
- Asignar el número 0 en el campo 'Quantity' a las demás partes que no serán consideradas en el proceso.
- Dar click en OK, véase Figura 32.

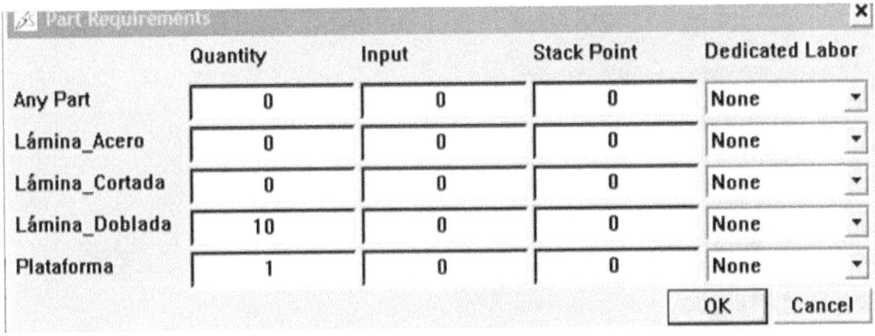

	Quantity	Input	Stack Point	Dedicated Labor
Any Part	0	0	0	None
Lámina_Acero	0	0	0	None
Lámina_Cortada	0	0	0	None
Lámina_Doblada	10	0	0	None
Plataforma	1	0	0	None

Figura 32. Estableciendo las partes requeridas para el empaque.

o Definir un tiempo de ciclo para el proceso.

Del mismo menú emergente ('Cycle Process Definition').

- Seleccionar el botón 'Cycle time'.
- Escoger la opción 'Constant' del menú 'Distributions'.
- Dar click en OK.
- Establecer un tiempo constante de 10 en el campo 'value' y nuevamente
- Dar click en OK, véase Figura 33.

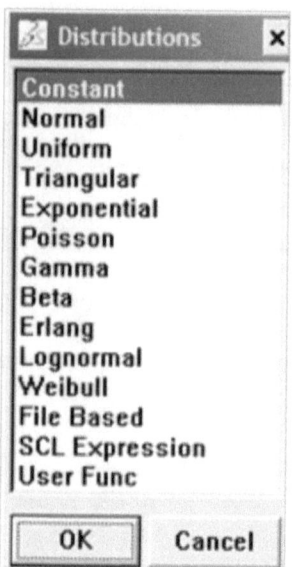
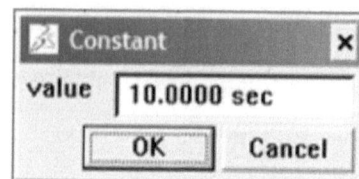

Figura 33. Definiendo un tiempo constante al proceso de empaque.

o Establecer la parte de salida en la máquina.

Ahora se define la parte que saldrá de la máquina.

– Dar click en el botón 'Products' del menú emergente 'Cycle Process Definition'.

– Elegir la parte a salir ('Lámina_Doblada') con la opción 'Pack' y a la parte transportadora ('Plataforma') con la opción 'Pass-Thru' sobre el campo 'Method'.

– Bloquear las demás partes con la opción 'None', sobre el mismo campo, véase Figura 34.

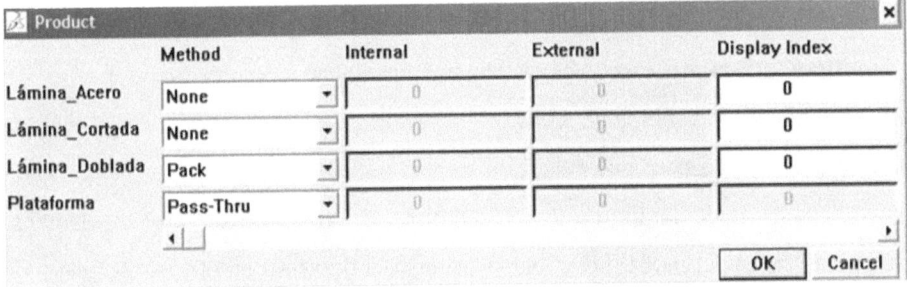

Figura 34. Definiendo la salida de las partes.

- Dar click en OK.
- Dar click en el botón OK del menú Cycle Process Definition'.

• **Modificar la imagen de la máquina de empaque.**

La imagen predeterminada de la máquina 'Empaque2' no es de interés para el empaque mismo, por lo que se puede sustituir por alguna otra imagen.

- Dar click en el botón 'Display' del menú emergente en el cual se encuentra, es decir, del menú 'Machine'.
- Oprimir el botón '3D File'.
- Escoger la opción 'Select from library'.
- Dar click en OK.

En este instante se encontrará en la última ruta previamente elegida.

o Elegir la imagen de interés.
- Elegir la imagen 'plate'.
- Dar click sobre el botón OK del menú emergente actual ('Display').

• **Posicionar la máquina en el modelo.**

Se procede a cerrar los menús emergentes:

– Dar click sobre el botón OK del menú principal y la ventana de mensajes mostrará que el proceso y la locación (máquina) han sido creados.

Inmediatamente la ventana de mensajes solicitará que se seleccione algún lugar en el piso del modelo para colocar el elemento, pero de preferencia en algún lugar muy cercano al de la Figura 1ª. Se recomienda antes de colocar el elemento navegar a través del modelo con los pasos previos descritos en el paso 2.

Paso 12. Crear un segundo operador.

Ahora se procede a crear un segundo operador el cual realizará también traslados de material. Con el menú:

Model | MHS | MHS Element

– Oprimir el botón 'Labor' para crear el operador.

– Dar click en la opción 'NEW' del menú emergente que se despliega.

– Dar click en OK.

– Dar click en OK del menú emergente con todos los parámetros predeterminados establecidos sin cambiar.

La ventana de mensajes solicita que se indique sobre que elemento del modelo será ubicado el operador.

– Dar click sobre la máquina de desarme ('Desarme'), véase Figura 35.

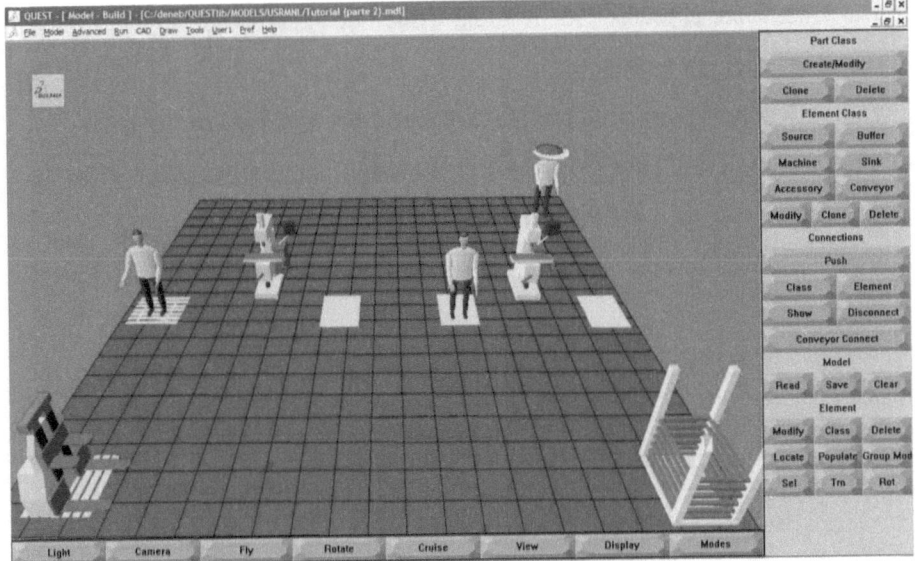

Figura 35. Creación de operadores.

- **Configurar la transportación de partes por medio del operador.**

Para establecer que el operador recién creado ('Labor2') realizará los traslados de materiales (partes) entre los diversos elementos del modelo, se requiere ingresar a cada elemento en particular y definir la transportación con el operador.

Como ejemplo se realiza la configuración de la transportación de las partes por medio del operador recién creado ('Labor2') sobre la máquina ('Desarme').

o Definir el ruteo a realizar por el operador.

– Dirigirse al menú:

Model | Build | Element Class

– Dar click al botón 'Modify'.

– Seleccionar la máquina de desarme ('Desarme').

- Dar click sobre el botón 'Part Routing' (ruteo de la parte) que se muestra en el menú emergente y enseguida.
- Dar click sobre el botón 'Labor requirement' (requerimiento de operador).
- Ubicar la parte 'Lámina_Cortada' y 'Plataforma' que son las que saldrán de la maquina 'Desarme' una vez que ejecuta su proceso de desempaque.
- Elegir sobre el campo 'Labor' al operador recién creado, es decir, 'Labor2', véase Figura 36.

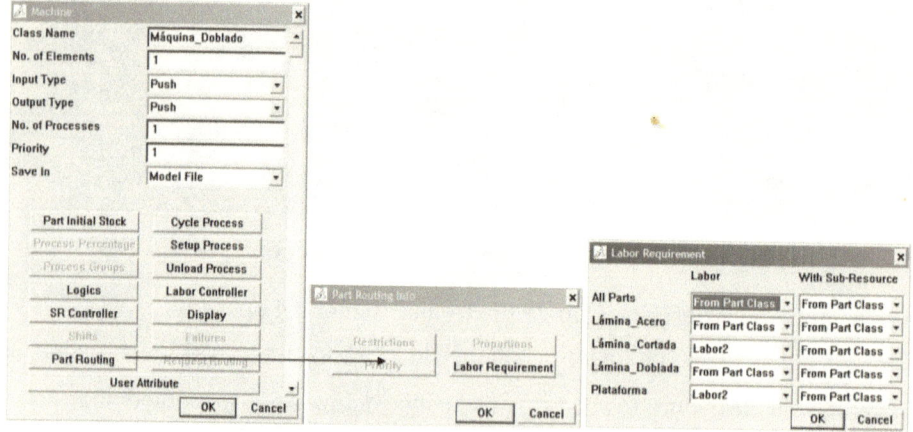

Figura 36. Definiendo el ruteo de un operador.

- De esta forma se establece que parte trasladará el operador de un lugar a otro.
- Cerrar todos los menús activados al oprimir el botón OK en cada uno de ellos.
o Definir el ruteo a realizar por el operador en cada elemento.
- Repetir los pasos del ejemplo inmediato anterior donde el operador deberá realizar la transportación de partes, en este caso, en la maquina dobladora 'Máquina_Doblado' y la máquina de empaque 'Empaque2'. Considere que para cada elemento la parte a transportar es distinta. En el caso de la máquina

dobladora se traslada la parte 'Lámina_Doblada', en la máquina de empaque 'Empaque2' se traslada la parte 'Plataforma'.

Paso 13. Construir un sumidero.

Por último un "Sink" (sumidero) debe ser construido en este modelo. El sumidero es el elemento encargado de recolectar las partes procesadas por el modelo a su salida del modelo, es decir, estas son destruidas por el sumidero.

En la opción del menú:

Model | Build | Element Class

− Oprimir el botón 'Sink' el cual permite crear un sumidero para el modelo.

− Mantener los parámetros predeterminados por el sumidero sin cambiar y

− Dar click sobre el botón OK, véase Figura 37.

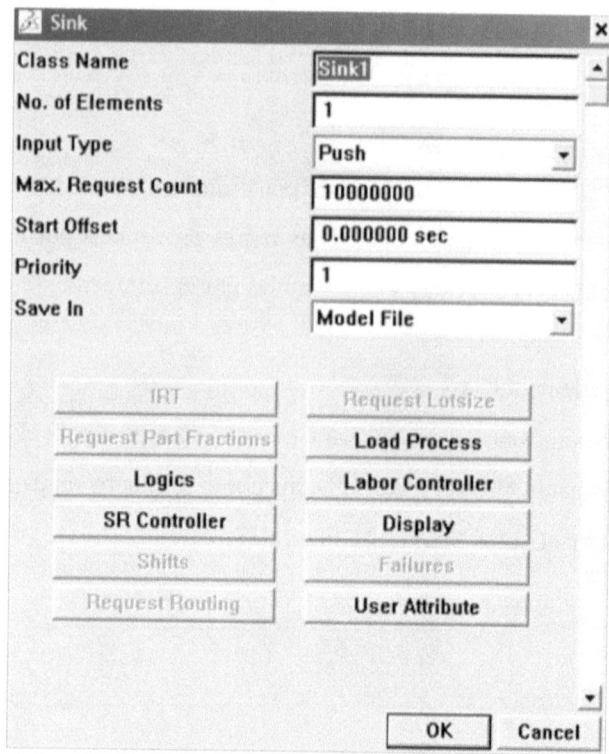

Figura 37. Creación de un sumidero.

• **Posicionar el sumidero en el modelo.**

Inmediatamente la ventana de mensajes solicitará que se seleccione algún lugar en el piso del modelo para colocar el elemento, pero de preferencia en algún lugar muy cercano al de la Figura 1ª. Se recomienda antes de colocar el elemento navegar a través del modelo con los pasos previos descritos en el paso 2.

Paso 14. Conectar elementos.

Para realizar las conexiones entre elementos se utiliza el menú:

Model | Build | Connections

- Oprimir el botón 'Element'.

Aparecerá un mensaje indicando el elemento a conectar.

• **Conectar la máquina 'Desarme' a la máquina 'Doblado'.**

Cuando un elemento en particular se configura con más de una conexión, como es el caso de la máquina de desarme, realizar los siguientes comandos.

- Dar click sobre la máquina de desarme como primer elemento a conectar.
- Seleccionar la opción 'New' del menú emergente que se despliega.
- Dar click en OK.
- Dar click sobre la máquina de doblado como elemento final de la conexión.

• **Conectar la máquina 'Doblado' a la máquina 'Empaque2'.**

• **Conectar el 'Buffer' a la máquina 'Empaque2'.**

Se realiza una nueva conexión para el buffer, entonces, realizar los siguientes comandos.

- Dar click sobre el buffer como primer elemento a conectar.
- Seleccionar la opción 'New' del menú emergente que se despliega.
- Dar click en OK.
- Dar click sobre la máquina de empaque ('Empaque2') como elemento final de la conexión.

La maquina 'Empaque2' ha recibido una nueva conexión, por lo tanto,

- Seleccionar la opción 'New' del menú emergente que se despliega.
- Dar click en OK.

• **Conectar la máquina 'Empaque2' al sumidero.**

• **Visualizar las conexiones.**

Para visualizar las conexiones se utiliza el menú:

Model | Build | Connections

- Seleccionar el botón 'Show'.
- Seleccionar la opción 'All connections'.
- Dar click sobre el botón OK, se logra esta visualización, véase Figura 37ª.

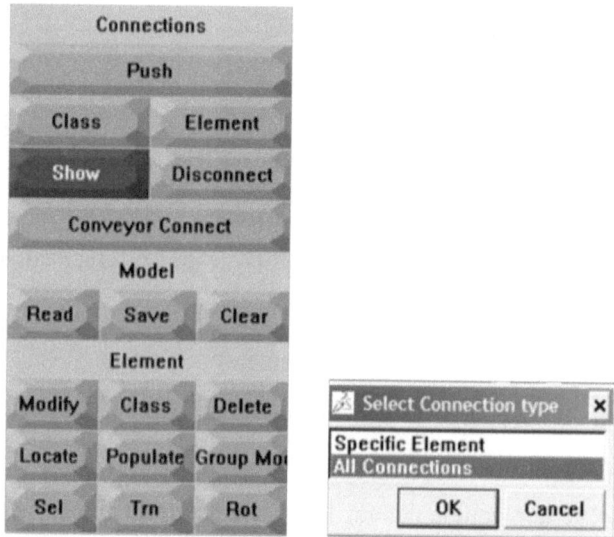

Figura 37ª. Visualizando conexión de elementos.

Las conexiones del modelo hasta esta instancia se despliega en pantalla, véase Figura 38.

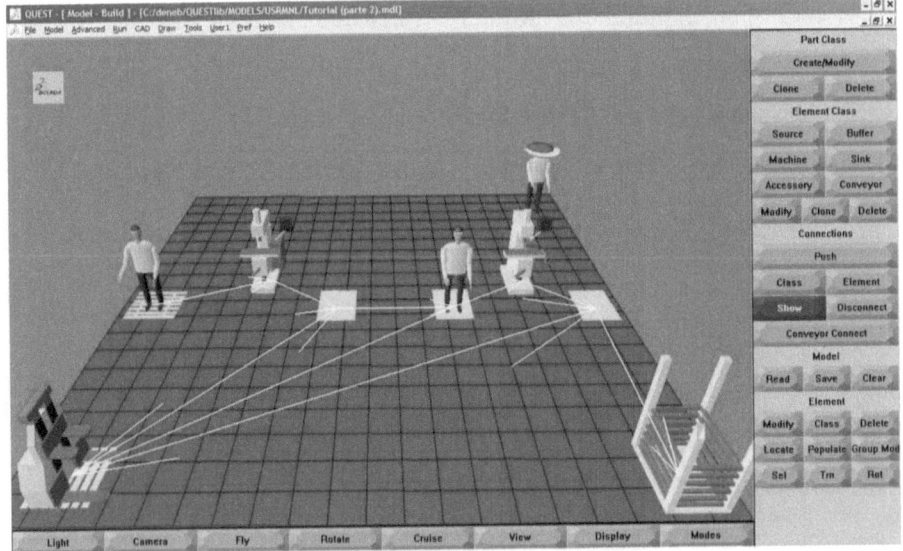

Figura 38. Conexión de elementos.

Paso 14ª. Configurar las salidas de las partes.

Cuando las partes deben ser dirigidas a una diferente salida generada por las conexiones, debe configurarse esto en el elemento afectado.

En este modelo es necesario configurar las salidas de las partes sobre la maquina 'Desarme', es decir, establecer la salida para las partes 'Lámina_Cortada' y 'Plataforma'.

o Definir el ruteo de la parte.

− Dirigirse al menú:

Model | Build | Element Class

− Dar click al botón 'Modify'.

− Seleccionar la máquina de desarme ('Desarme').

- Dar click sobre el botón 'Part Routing' (ruteo de la parte) que se muestra en el menú emergente y enseguida
- Dar click sobre el botón 'Restrictions'.
- Cancelar la salida 'Output-1' para la 'Lámina_Cortada', véase Figura 38ª.

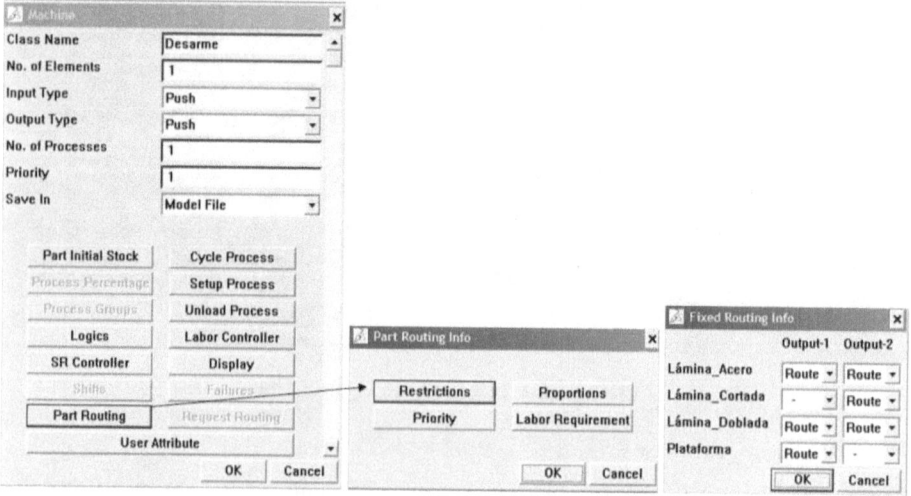

Figura 38ª. Definiendo el ruteo de la parte.

- Cancelar la salida 'Output-2' para la 'Plataforma', véase Figura 38ª.
- Cerrar todos los menús activados al oprimir el botón OK en cada uno de ellos.

Con esto, las partes 'Lámina_Cortada' solo serán enviadas a la 'Máquina_Doblado' por el operador definido y así mismo las partes 'Plataforma' serán enviadas al buffer donde se colocan para un nuevo uso.

Paso 15. Guardar el modelo.

Por otro lado, una buena práctica es realizar el guardado del modelo en cualquier instante de su construcción. Esto se hace a través del menú:

File | Save Model As y así se puede guardar el modelo

• **Definir un nombre al archivo del modelo.**

Escoger el nombre del archivo sin extensión ya que esta última el software la genera de manera automática en la carpeta c:\deneb\QUESTlib\MODELS.

– Dar click en 'Guardar'.

Paso 16. Correr la simulación.

Para correr una simulación del modelo, se puede hacer por el menú:

Run | Simulate | Simulation

– Oprimir el botón 'Run'. Un menú emergente se activará.

• **Definir un tiempo para correr el modelo.**

– Establecer una corrida de simulación inicial de 3000 segundos en el campo 'Run Time', véase Figura 39.

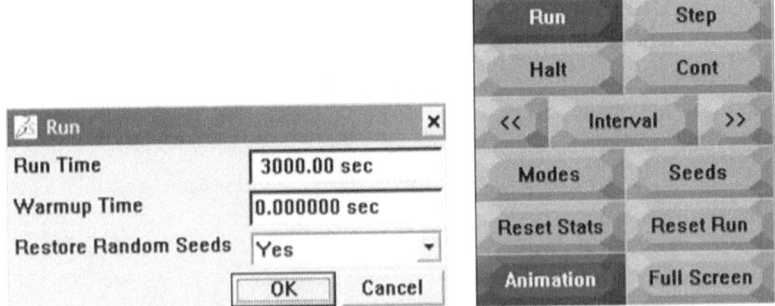

Figura 39. Definiendo el tiempo de la simulación.

– Dar click en OK, e inmediatamente

– Desacelerar o acelerar la simulación a través de los botones '<<' '>>' del mismo menú Run | Simulate | Simulation.

Con ello se obtiene el modelo completo, véase Figura 40.

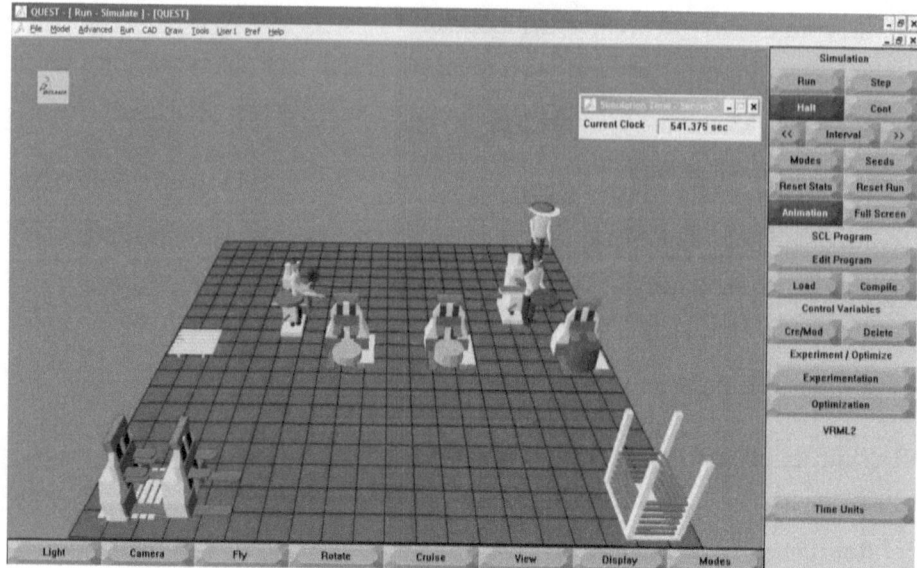

Figura 40. Corriendo la simulación.

Paso 17. Visualizar estadísticas.

Al finalizar una corrida de simulación, es de interés conocer las estadísticas que se generan por los eventos acontecidos en el modelo. Una manera sencilla de consultar las estadísticas de algún elemento en particular en el modelo es a través del menú:

Run | Single Run Output

- Oprimir el botón 'Element'.

• **Desplegar las estadísticas de algún elemento.**

- Dar click sobre algún elemento del modelo, desplegará la información estadística del mismo.

Por ejemplo, para ver las partes procesadas que salieron del modelo de simulación simplemente se selecciona al sumidero y se desplegarán sus estadísticos. En el concepto 'Finished Parts' se observa la cantidad de piezas procesadas que salieron del modelo, véase Figura 41.

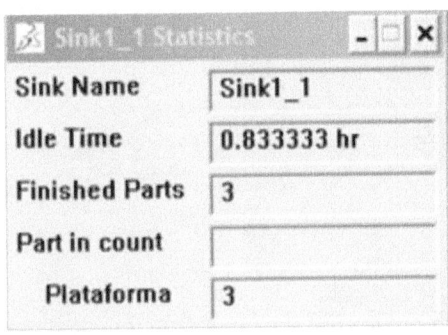

Figura 41. Desplegando estadísticas.

Resultados

El tutorial previamente descrito fue puesto a prueba y analizado por 10 estudiantes de nivel licenciatura en Ingeniería Industrial del Instituto Tecnológico Superior de la Ciudad de Irapuato, Guanajuato, México.

El Gráfico 1 muestra el tiempo en minutos que requirió cada estudiante para concluir exitosamente dicho tutorial.

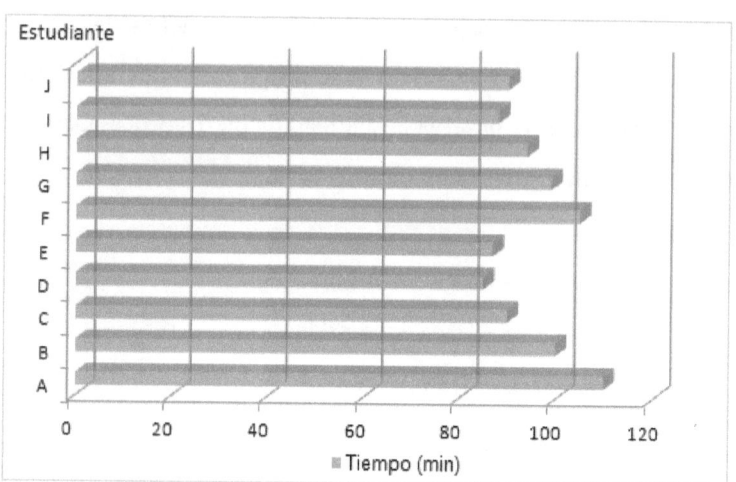

Gráfico 1. Tiempo requerido para concluir la construcción del modelo.

El Gráfico 2 muestra que los estudiantes consumieron un promedio de 94.8 minutos con una desviación estándar de 8.36 minutos. Asimismo, se interpreta que al menos el 50% de los estudiantes se tardaron entre 88 y 100 minutos en construir exitosamente el modelo de simulación propuesto en este documento.

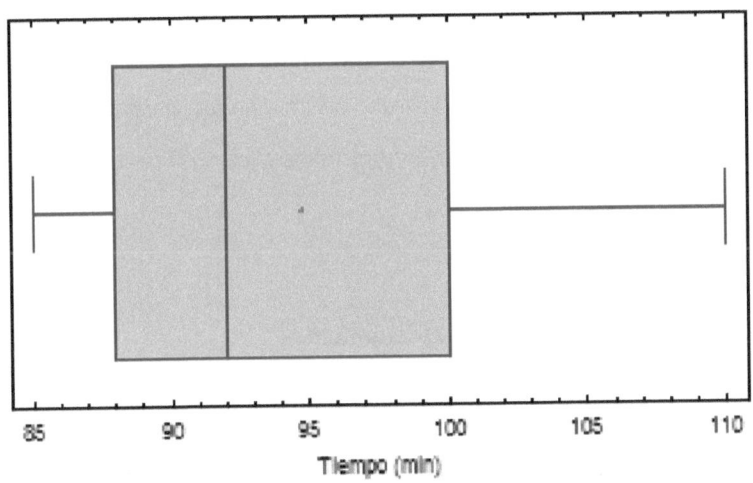

Gráfico 2. Diagrama de caja para el Gráfico 1.

Por lo anterior, este tutorial ayudó a disminuir el tiempo requerido de los estudiantes para aprender a construir modelos básicos de simulación en la plataforma Quest® versión R19. Tradicionalmente se requiere días para dicha capacitación básica, ya que no existe bibliografía accesible y clara en español.

Discusión

Es indudable que hoy por hoy la simulación de eventos discretos está demostrando su capacidad para resolver problemas en sistemas donde existen interdependencias y variabilidad dentro del mismo sistema. Sin embargo, pese a estas evidencias de éxito aún se hallan algunas barreras para que su uso sea habitual. El presente artículo es una propuesta para disminuir algunos de los factores barrera. Los autores del presente trabajo vislumbran que en un futuro cercano la simulación de eventos discretos será comúnmente utilizada en la industria Mexicana. Finalmente, los proponentes del tutorial están convencidos que con este tipo de documentos, se puede difundir la mecánica la construcción de modelos de simulación en la plataforma novedosa Quest®, reduciendo el tiempo de aprendizaje de los usuarios de este software.

Agradecimientos

Los autores agradecen las sugerencias y el apoyo incondicional de Jon Fournier, Ingeniero de aplicaciones de Connecticut Center for Advanced Technology, Inc. (CCAT), a Martin Barnes, Consultor Senior de soluciones de Dassault Systemes Delmia Corporation (DSS) y a Daniel Hernández, Ingeniero de aplicaciones de 3DXPERT S.A. de C.V. Del mismo modo, un reconocimiento a todas las personas que revisaron en numerosas ocasiones este tutorial.

Referencias

Banks, J. Carson II, J.S. Nelson, B.L. y Nicol, D. M. (2001). *Discrete-Event System Simulation*, Tercera edición, USA: Prentice-Hall.

Barnes, M.R. (1997). "An Introduction to Quest". S. Andradóttir, K.J. Healy, D.H. Withers, y B.L. Nelson (Eds.) *Proceedings of the 1997 Winter Simulation Conference*, (Atlanta, Georgia, USA. 7-10 Diciembre, 1997). pp 619-624.

Bisschop, J. (2007). *AIMMS Optimization Modeling*, USA: Paragon Decision Technology B.V.

Dagpunar, J.S. (2007). *Simulation and Monte Carlo*. England: John Wiley & Sons, Ltd.

Delmia Quest® User Manual 5_17. (2006). Delmia Corporation, Auburn Hills, MI, USA.

García, E. García, R. y Cárdenas, L. (2006). *Simulación y Análisis de Sistemas con ProModel®*. México: Pearson Educación.

Harrell, C.R. (1995). *Simulation using ProModel®*. EUA: McGraw-Hill.

Pérez, R. Sánchez, J. Gómez, J. y Ochoa, C. (2010). "Best Practices for modeling the manufacture of steel doors using Quest®". *IIE-IERC Annual Conference & Expo 2010* (Cancún, México. 5-9 Junio, 2010). pp 140.

Sargent, R.G. (1996). "Verification and Validation of Simulation Models". *Proceedings of 1996 Winter Simulation Conference*, (Coronado, California, USA. 8-11 Diciembre, 1996). pp 55-64.

Taylor, SJE. y Robinson, S. (2006), "So where the next? A survey of the future for discrete-event simulation". *Journal of Simulation*. (0). 1-6.

I want morebooks!

Buy your books fast and straightforward online - at one of world's fastest growing online book stores! Environmentally sound due to Print-on-Demand technologies.

Buy your books online at
www.morebooks.shop

¡Compre sus libros rápido y directo en internet, en una de las librerías en línea con mayor crecimiento en el mundo! Producción que protege el medio ambiente a través de las tecnologías de impresión bajo demanda.

Compre sus libros online en
www.morebooks.shop

KS OmniScriptum Publishing
Brivibas gatve 197
LV-1039 Riga, Latvia
Telefax +371 686 204 55

info@omniscriptum.com
www.omniscriptum.com

www.ingramcontent.com/pod-product-compliance
Lightning Source LLC
Chambersburg PA
CBHW031536210526
45464CB00003B/1031